2007 年
上海七宝中学与香港张煊昌中学远程交流

2008 年
香港第一届远程教育年会

2008 年 “视像中国”获得香港优质教育基金金奖

2012 年 “视像中国”远程月度例会

2012 年
网络课程高校签约仪式

2013 年
香港文化交流夏令营

2013 年 远程庆“六一”活动

2015 年 航天航空夏令营

跨越学校围墙的教育

“视像中国”远程教育项目十年追梦

KUAYUE XUEXIAO WEIQIANG DE JIAOYU

陈圣日 许 波 /主 编

SHIXIANG ZHONGGUO YUANCHENG JIAOYU XIANGMU SHINIAN ZHUIMENG

北京师范大学出版集团
BEIJING NORMAL UNIVERSITY PUBLISHING GROUP
北京师范大学出版社

图书在版编目(CIP)数据

跨越学校围墙的教育：“视像中国”远程教育项目十年追梦/陈圣日，许波主编. —北京：北京师范大学出版社，2016.8
ISBN 978-7-303-20248-5

Ⅰ.①跨… Ⅱ.①陈… ②许 Ⅲ.①远程教育-研究-中国 Ⅳ.①G729.2

中国版本图书馆 CIP 数据核字(2016)第 059141 号

营销中心电话 010-58802181 58805532
北师大出版社高等教育分社网 http://gaojiao.bnup.com
电子信箱 gaojiao@bnupg.com

出版发行：北京师范大学出版社 www.bnup.com
北京市海淀区新街口外大街 19 号
邮政编码：100875
印 刷：北京东方圣雅印刷有限公司
经 销：全国新华书店
开 本：787 mm×1092 mm 1/16
印 张：12.5
字 数：360 千字
版 次：2016 年 8 月第 1 版
印 次：2016 年 8 月第 1 次印刷
定 价：32.00 元

策划编辑：路 娜 责任编辑：薛 萌 胡振华
美术编辑：焦 丽 装帧设计：焦 丽
责任校对：陈 民 责任印制：陈 涛

序

为“视像中国”喝彩

上海市教委基教处　倪闽景

“视像中国”项目发端于香港，在香港和内地几十个区域不断推广应用，一晃已经十年了。这十年刚好是互联网蓬勃发展的十年，也是教育信息化迅猛发展的十年。当很多人还在讨论信息化在教育领域美好的应用前景时，“视像中国”却已经把教育信息化付诸于实践，并且取得了令人瞩目的成效。

有人说学校的历史正在翻开新的一页。最早的学校，由于知识掌握在极少的人手里，因此求知者只能集聚在这些圣贤的周围，并由此产生了私塾这种学校形态。随着社会发展，知识开始逐步累积并广泛地存在于书本和教师群体，产生了现代学校的形态，学生围绕着图书馆和教师展开学习。但是信息技术的快速发展，使学习资源极大丰富，通过网络学生几乎可以学到任何想要学习的知识，移动互联网更是让学习随时随地可以发生，因此学校开始发生微妙的变化，所有的资源围绕学生的学习而展开。学生的学习方式和学习宽度大大拓展，原来封闭的学校围墙内，已经远远不能满足学生学习的需要。“视像中国”恰恰在这个时候生根发芽、蓬勃发展，跨越学校围墙，呈现出一种全新的教育形态，实际上就是一种新的学校模式。

“视像中国”给学生提供了一个无限广阔的学习平台。从香港，到上海，到宁波，到井冈山，到全国几十个区域，几百所学校，每一个地区的资源都成为大家的学习资源，学生从线上到线下，从虚拟互动到实地交流，这种广泛的学习空间带给学生们前所未有的学习体验。而学习的过程，又积累在数字化的网络空间，为将来学生的学习提供了资源，这种时间和空间上的双重拓展与积累，促进了学生更多元、更开放的视野和思维发展。

“视像中国”为学生创造实践提供了一个全新的发展平台。学生可以在网络平台上开展辩论比赛，可以进行“音画艺术”的网络教学体验，可以进行跨文化的深度交流，甚至可以异地设计“六一”节活动并过一个别样的儿童节。这些活动，孩子们是主人，沟通、创造、体验、感悟，使孩子们经历超越每一所学校能够提供的经验和资源。

“视像中国”搭建了一个全新的多方资源融合平台。高校和研究部门的研究与引领，博物馆等校外教育资源的融入，香港与内地政府部门、学校的跨区域合作，使这个项目呈现出一个内涵十分丰富的形态。课程与课程的交换，思想与思想的交融，这不是简单的技术力量的凝聚，而是一种非官方力量主导，充满生命力的教育综合改革试验，其成功的路径本身就是一个十分值得关注的研究内容。

几乎所有人都认同教育由于信息化的原因，会发生很大的变化，我们应该感谢那些指明教育信息化发展方向的智者们，但是这种变化显然不可能通过等待自己来临，理念虽然重要，可如果没有解决问题的方法和路径，那么所有事情不会变得更好。只有勇敢走出第一步，在脚踏实地的实践中去勇敢探索教育信息化之路，我们才能创造一个全新的理想境界。为“视像中国”喝彩，就是为所有在教育界辛勤探索的前行者喝彩。在世界发生巨变的过程当中，变革者前行的道路上也许会出现曲折和坎坷，但正是这种曲折和坎坷，才真正使我们的教育拥有了更多丰富的情感和美好的记忆，也让我们的教育有可能出现更深刻的新思想和新实践。

让我们记住“视像中国”过去的十年，让我们更加关注和祝福“视像中国”的未来十年。

前　言

探寻镜头里的教育梦想

——上海市七宝中学　仇忠海

“视像中国”是香港优质教育基金会资助计划。2004 年由香港中文大学信息工程系黄宝财教授成功策划并担任计划总监，自 2004 年至 2008 年分两期获优质教育基金资助。在香港圣文德书院设立秘书处并由联校资讯科技学会会长梁锦松老师负责实施推进，初期由中国福利会少年宫计算机活动中心和上海市七宝中学共同支持该项目在中国内地推进发展。2011 年在上海市七宝中学设置“视像中国”远程教育发展中心。十年走来，几个热心的人、推进了几十个区域、先后几百所学校，没有围墙、没有界线、没有国别，唯有持之以恒的热情在不断推进着项目的成熟与常态……

在我的眼里，这个项目从发展初期由香港优质教育基金资助，到后来以上海闵行、佛山南海、宁波江东和深圳南山为核心合作力量的公益化、协作式发展，再到在我校建立发展中心之后获得上海市闵行区教育局鼎力支持和上海市教委基教处的关心赏识，一路走来似乎坎坷，但是总在不断闪现着我们传统教育教学实践中难以触及的价值追求，或许，这就是它得以顽强发展并日渐蓬勃的内涵所在吧。

国际教育交流的常态化实践

20世纪末，大中城市里优质学校几乎都会在办学成果中罗列国际教育交流，当然内容无外乎中国学校和外国学校之间相互拜访做做交流活动之类的信息，也有阶段性挂职学习的做法，可总的来说成本高昂的国际教育交流似乎成为了学校教育中的"富人游戏"，普通学校只能望而却步。直到我完全明白"视像中国"计划的形态时，我感觉到国际教育交流其实还是有它的平民化和常态化的发展道路。

2004年暑期前后，中国福利会少年宫计算机活动中心的王颂赞老师邀请我校一起参与一个与香港合作的项目，将借助网络让上海和香港的学校结对，通过实时视频交流的方式来实现教育教学交流。那是个教育信息化应用起步早期的年代，我并不熟悉互联网的发展状况，也没有熟练的计算机应用技术，但我没有做过多的考虑就答应了，由信息中心陈圣日老师全面去负责这件事情，因为我感觉到，如果视频通话可以达到交流效果的话，我们一直在谈的国际交流似乎更容易成为常态。

2004年9月，"视像中国"计划在上海正式起航了。联校科技学会的梁锦松会长专程从香港赶来，与王颂赞老师一起发起了起航典礼，上海较早的计算机特技教师、普陀区教研员李绍基老师，市计算机学科教研员陈丽娟老师，以及七宝中学、位育中学、晋元高中、文来中学、六师附小等几所学校的代表一起参加了起航典礼，正式推进了项目的发展。同年12月，在这批学校的带动下，发起了上海近50所学校一起迎接了香港中文大学黄宝财教授带来的香港学校访问团，并在这次接待访问过程中确立了两地学校两两结对的基本合作模式，来自香港的几十位校长和老师代表，在中国福利会少年宫和七宝中学集中座谈过后，就分赴各自的结对学校，进行了首次见面签约。

此后，这批项目学校分别领取了由"视像中国"计划秘书处发放的可视电话，期望通过网络开始两地的视频对话。可是，情况并不是那么顺利，因为当时上海不是所有的学校都具备独立的网络出口，网络条件成为最大障碍，但是七宝中学的网络状况足以支撑这样的活动，于是少数积极参与项目的学校由老师带着学生利用课余或周末时间来到我校，利用电视台演播室和香港的学校开展形式各异的活动，有网上实时辩论比赛、学生间的主题研讨等。不懂技术的我，当时有一个理解，我们学校多年的网络发展基础，看来是可以支撑新时代的教育发展需求的，只是我们还没有真正想好在教育中到底还需要网络来做什么，不过，我预期的国际交流的平民化和常态化已经成为现实。我大力支持陈圣日老师去做好这样的开放式的工作，东辉职校、洛川学校、闵行二中等当时较早参加结对的学校都来过我们学校做他们自己的活动，我们电视台的场景也在香港的学校里成为了熟悉的画面，七宝中学也因此在香港学校里成为了耳熟能详的学校，虽然，许多人并没有真正来到。沪港两地的学生们通过网络视频，非常方便地开展着各种各样的在线交流活动，相比人来人往的互访来说，这的确称得上是平民化的交流了。

跨区域协作学习促进学生发展

在教育信息化工作目标中，还常常可以看到通过网络学习来促进学生学习发展的期望，实践中我们也看到一些以学校为基点的资源服务型网校，但我总认为这样的模式，实质上只是在利用网络传输资源而已，对教学方法、教学模式及对学生发展的影响，并没有产生根本的变化。但是在“视像中国”计划的网络课程实验中，我们可以清楚地看到不同地区的孩子通过网络化课程学习平台进行充分的交流与分享，网络课程的学习方式令孩子们早早开启了思维的大门，可以更多元、更开放地思考问题。

南京大学、北京师范大学的教育研究机构义务地参与到项目之中后，向“视像中国”计划学校提供网络课程，以在线异步课程为主要形态，面向各项目区域提供初高中拓展型课程，让学生和老师体验数字化环境下的教与学，同时对课程实施方法进行研究与推进。“视像中国”计划多年的发展积累中，已经具备了极好的网络互动经验，拥有很扎实的网络课程实施土壤，网络化的课程设计与实施可以极大地促进跨区域协作学习对学生学习能力的发展。

为探索网络课程的具体实施，许波老师也专为网络课程开发设计了研训活动，让高校的专家、中学的一线教师和学校分管教学的领导一起讨论，推动大家对网络课程定位与实施目标的认识逐步清晰并达成共识：网络课程或许成为信息社会里终身学习的重要渠道，在中小学引入网络课程的体验，将为部分学生打开另一扇窗，让孩子们在数字化环境中得到更多学习体验、让学生们可以在更广阔的教育环境中体验数字化学习与协作学习，为学生综合素养的提高提供了可能的支持环境。许波老师在网络课程实施的推进与管理中，重点抓网络课程的黏度，通过各种保障措施和条件刺激提升学生上网进入课程平台的频率，从而实现让不同地区的孩子在网络课程空间里不掉队，各自完成课程学习任务，为中小学领域推动网络化课程学习积累了宝贵的经验。

参与试点的区域里，学生们面对如此开放的、完全自主的学习空间，表现出极度兴奋，当身边的老师不再是讲解知识而是提供指导帮助，当课堂里没有了老师而只有网络课程平台里的一个个学习任务，这些孩子们开始逐步意识到学习是自身发展的需求，是自己的事情，他们很认真地面对，会通过在线讨论与高校的指导老师交流，也会通过在线课堂聆听远在大洋彼岸的学者深入浅出的讲座，开阔他们的视野，许多在原来课堂里没有过的体验，让孩子们无不感叹学习的方式是那么的丰富。

跨区域协作教研助推教师专业发展

随着信息科技的飞速发展，技术应用于教育教学的探索成了教师们专业化发展的必要支撑。但是由于各地教育信息化发展水平差异大，教师们在信息技术环境下的应用理念参差不齐，就一个学校范围而言，三两个人带着热情积极投入实验，终难成气候，或早早偃旗息鼓作罢，或因实验样本难以扩大而不了了之，最后沉淀下来的依然是简单地使用 PPT 上课或偶有样板式的展示示范。“视像中国”远程教育发展中心成立之后在平台建设上做了一件非常有意义的事情，就是运用中心平台为各项目区域提供合作研究环境，让每个学校可能的三两个热情积极的人可以跨区域联合起来，在平台里形成大气候，形成氛围，一起协作研究共同发展。

2013 年 12 月底，“视像中国”远程教育发展中心在我校举办了一次微课程公益培训，当时从我们学校的角度没有参与任何工作，只是提供场地和宾馆到学校的用车，活动组织、学员报到和食宿完全是自主解决，来自 7 个省市的 120 余名学员在这样一种像平常上班一样的外出学习经历中，几乎完全沉浸在学习的过程里，因为他们就是一群热心钻研微课应用的老师。许波老师设计的项目参与式培训让大家耳目一新，短短两天时间里，大家从相互认识、组建小组到合作学习、完成任务，一气呵成，专家讲座、技术培训和应用指导分层的研究型学习更是在短短两天时间里让大家高度的热情转化为可以预期的常态。

培训过后各地学员仍以在线交流群、协作先锋队等方式在推动研究的进程，这样的方式让各地不同学校里的老师们似乎有了更多志同道合的同伴，在不同的地方做着相同的事情，从此不再是形单影孤。

微课程平台建设还只是“视像中国”远程教育发展中心支持研究的平台之一，还有网络课程平台、英语阅读训练平台、平面几何教学研究平台等，或为通用教学、或为学科研究，都采用分级用户管理的方式，有效地将不同区域不同学校里在同一个研究方向上兴致昂扬的老师们联系在一起，以资源互通、资源共享的方式在构造他们心目中的研究和应用氛围。有了这样的协作模式，教育教学研究的开展不仅仅是有了人气的支持，从研究支撑的角度看，更大的价值是构建了大数据的支撑。同样是微课应用研究，三两个人在一所学校里面对少数几个班级的研究，数据的样本量是非常有限的，但是在平台里几十个有兴趣的教师可能带进来的就是上百个班级，同样的发展阶段所获得的基础分析数据可以放大数倍，对支持教师们开展研究起到了非常大的促进作用。

校际教育资源共享促进协同发展

在教育信息化工作目标中，一种愿景是希望能通过网络的普及来推进教育资源的交流共享，使教育资源可以对等地在任何学校之间流转，从而协助教育的均衡化发展，然而现实中我们的网络里到底跑什么资源一直是大家讨论和努力的重点。“视像中国”从一开始就把教育资源的概念放到最大，通过互联网把异地校园相连，任何可见的资源都可以成为共享的内容。

在 2004 年到 2006 年期间，为配合当时一部分香港学校对普通话教学的需求，“视像中国”开发了空中普通话课堂，由七宝中学和文莱中学的老师们为香港学校的学生定期上普通话课，师生不在同一教室的课堂成为了现实并实现了常态化，一批批香港孩子就此开始了他们的普通话学习甚至是中国传统文化学习。由此，我感觉到网络在线的教学方式不是那么遥远，实实在在的远程课堂就在我的眼前，而且那么常态地在开设；香港学校由于缺乏普通话教师，他们通过网络获得了实在的教育资源帮助。那我们呢？我认为跨区域学校之间的教育资源共享应该有更多可以思考的空间。

从我们为香港的学校提供普通话课程的做法中，我深刻感受到项目运行模式中实时交流的重要特性，从两个地区到那么多地区，扩充了那么多学校进来，让我这个“旁观者”多了个思考的依托：在学校的校本课程建设中，是不是可以充分运用这样的资源优势呢？如果各地学校联合起来相互提供课程，那么校本课程建设不就活起来了吗？学校之间共享了课程，学校的课程目录不就丰富多了吗？

一直在项目中研究技术应用的陈圣日老师很快就设计方案，并邀请了香港圣文德书院来一起尝试定时的课程交换，双方把对方的课程放进课程表，以选修课的形式让自己学校的学生来选择，学生选课成班之后则按时间表上课。两年试点时间里，还有南京师范大学附中、宁波市鄞州中学陆续参与进来，陈圣日老师设计“以物易物”模式的“远程课程交换”，项目学校之间可以提供课程或选择课程，有“付出”就有“回报”，这样使得学校与学校之间的课时费支出就变得非常简单，即无论输出还是输入课时，只要大家协商同样认定课时，各自承担本校老师的课时费就可以了。从此，“视像中国”计划的试验探索开始逐渐向教学一线深入，以一种宏观的资源概念开始服务学校的教育教学。宁波江东的许波老师更是利用她从事师训和教研工作的优势，从项目的特征出发，为课程的形态、教学研究的推进设计了一系列的规范要求，使原本简单的课程交换工作逐渐发展成为利用网络平台自助交换，教材大纲可在线分享交流、教学活动有同步研讨促进，为各地校本课程建设注入了积极的推动力。

远程课程交换甚至还引来了校外教育资源，井冈山博物馆的肖邮华馆长了解到井冈山龙市小学的语文教师在设计课程为上海、宁波、深圳等地的学生传授井冈山历史传统文化时，非常积极地提出可以让博物馆的讲解员开设这样的课程，或许能更专业、服务面可以更大，因为这是一支专业的宣讲队伍，而且她们的日常工作没有固定课时，可以更灵活地来满足不同地区的学生的课时需要。对于这样的单向输出，一开始的时候从项目的角度考虑了课时费的问题，但是肖馆长说：“宣讲井冈山历史传统文化也是我们的工作，‘视像中国’计划为我们提供了更宽的舞台，让我们足不出户就能为那么多地区的学生讲课，是一件非常值得努力的事情！”我相信，一定还有更多的社会教育资源也能让我们如此方便地享有，实现学校教育与社会教育携手共进。

艰辛发展路

香港优质教育基金的资助是有年限的，两年过去，“视像中国”计划的成果应该说是丰厚的，已经完成了百余所学校的结对，并且在活动和课程中有了许多的尝试，因此黄宝财教授很顺利地获得了第二期的资助，继续推进项目的发展，项目进入第二期，开始扩展区域、迈向世界。两地的合作开始放大，一面向海外延伸、一面在中国内地其他地区继续扩展。广东佛山南海区、北京电教馆、宁波江东区、深圳南山区等一批区域先后进入到项目中，多地合作的模式开始逐渐发展。再往后则还有新加坡、马来西亚等外国学校的参与，以及重庆、湖北、江西等中国内地学校的参与，在促进跨区域协作学习及异地教育交流常态化上起到了积极的作用。

第二期的两年时间里，“视像中国”计划以开放的教育交流形态和卓有成效的教育资源运用，平稳地发展壮大，不断积累区域和学校，在2008年香港优质教育基金成果展中荣获金质奖章并获得曾荫权特首颁奖，随后风光地从优质教育基金结题退出。离开了优质教育基金的资助之后，项目以纯公益形态，在区域之间对等协作平稳发展。七宝中学利用了自身已有的优秀的网络资源及作为上海市实验性示范性高中的发展定位，向闵行区、上海市两级教育主管单位争取，获得了各级领导的大力支持。闵行区教育局朱越副局长看到了“视像中国”计划良好的发展背景，以及跨区域跨文化的项目特征，提出要保持其民间属性和公益定位，政府支持但不干预，要协助它继续稳定良好地发展下去，朱局长还充分注意到项目中蕴含着不同层次的学校、不同水平的学生和老师，建议可以寻找适当方向开发具有一定普适性的网络课程，以推动在线学习来呈现项目的远程特色。

我感觉，这个项目的发展，只有慢慢走近教学一线，关注和支持的力量才可能逐渐丰富，项目的价值才可能逐渐放大。我注意到宁波江东区加入之后，“视像中国”计划开始逐渐发展远程教研活动，涉及学科教学和校长发展，原因就是支持力量的变化。宁波江东区教育局在个别学校加入项目的基础上，正式发文成立了区域级的“视像中国远程教育项目联络处”，这个机构从局长到干事、从教育局到学校立体地呈现了一个金字塔状的组织架构，非常严谨地在落实发展工作，具体负责部门落在集教研、科研、信息和装备四功能合一的教育研究与装备中心，技术和教学研究力量高度集中，对项目的发展起到了非常积极的推进作用。

2011年，我校建立了“视像中国”远程教育发展中心，后在宁波江东区的鼎力配合下，梳理形成了远程课程、远程活动、文化交流三大内容板块。核心区域的力量、高校的支持力量，推进项目开展得有序有效，各地师生们受益匪浅。

回顾这段发展历程，我感觉应该感谢各地联合在一起的这批热心、执著、坚定的志愿者：他们用自己的辛劳、努力做好本职工作，换来各地领导们的鼎力支持，以饱满的热情坚持不懈地为教育理想而奋斗！用简单朴实的技术模式，创造着一个个可以触摸到的奇迹……

目录
CONTENTS

第一章　再看“视像中国”

“视像中国”远程教育项目在一群具有公益情怀、追求卓越的实践者中薪火相传，不断壮大。十年间，从香港到上海，到宁波，到井冈山……利用网络远程实时交互技术将一个个学校连接成了一个看不见围墙的“大校园”。在这个“大校园”里有不同文化背景的思想碰撞，也有跨地区优质资源的分享；有教育思想的切磋，更有成长路程的纪录。让我们一起走近“视像中国”，历数它走过十年积淀的教育价值，探究当学校教育形态突破校园围墙后的多姿多彩……

本章由“视像中国”项目发起人香港中文大学黄宝财教授等核心项目参与成员，以及“视像中国”远程教育发展中心陈圣日主任、北京师范大学教育学部李玉顺博士从项目起源、发展历程、价值意义等方面，全方位解读“视像中国”。

“视像中国”十年发展历程回顾

1.“视像中国”大事记

2004年，香港中文大学信息工程系黄宝财教授成功策划“视像中国”计划并担任计划总监，计划受到香港优质教育基金的资助，并在香港圣文德书院设立秘书处，由联校资讯科技学会会长梁锦松老师负责实施推进，同时由中国福利会少年宫和上海市七宝中学共同支持该项目在中国内地的推进发展。

“视像中国”计划设立之初，运用网络视频电话、视频会议系统等基于互联网环境的实时视音频交互应用，组织上海与香港之间的学校进行结对互动，以极易实施的实时网络视频技术，推进多种形式的教育交流活动，经过多年发展，随着技术手段和网络带宽条件的不断提升，项目区域和项目学校已经遍及北京、上海、浙江、广东、湖北、山东、四川、江苏、江西、安徽等多个内地省份，马来西亚、新加坡等地也有学校参与其中，在促进跨区域协作学习及异地教育交流常态化过程中起了积极的作用。“视像中国”计划以开放的教育交流形态和卓有成效的教育资源运用，在2008年香港优质教育基金成果展中荣获金质奖章。

“视像中国”计划在优质教育基金资助期间，以上海市七宝中学和联校资讯科技学会为主要研究和推动力量，无论是技术应用的经验还是活动的组织方式，都取得了良好的进展，为基于远程实时网络环境下的教育教学活动积累了丰富的经验与资源。

2008年在资助结束后，“视像中国”计划转而成立了香港远程教育学会，以继续促进远程教育技术应用研究、指导“视像中国”的后续发展。上海市七宝中学协同联校资讯科技学会不断推进“视像中国”计划的持续发展。

2011年11月在上海市七宝中学成立“视像中国”远程教育发展中心，确立由上海市七宝中学教育集团承担“视像中国”计划的日常推进工作，发展并协调海内外各项目区域的合作交流。

2. 项目形态

“视像中国”计划经过多年的发展，已经形成了远程课程、远程活动、文化交流三大内容板块。

(1)远程课程

- 远程拓展课程交换

远程拓展课程交换主要服务于项目学校的校本课程体系建设，以课程交换的形式使项目学校之间可以享有来自外校的课程资源，师生异地的实时课堂在扩展学校教育资源的同时，给了学生们别样的课堂体验。

2012年，“视像中国”远程教育发展中心创新设计了课程交换的模式，引领各项目区域共同参与课程交换，相互间对等地享有外校课程资源，丰富了各校校本课程体系，同时也促进了学校校本课程的开发与推广。实施两年多时间，完成了近70门课程的交换，各地运用远程实时互动方式，实现师生异地的教学场景，使学校的课程资源得到极大的扩展，学生们也享受到不同地方优质教师的课堂，为学生的学习方式、学习视野带来积极的影响。发展中还尝试着将远程拓展课程扩展到香港、新加坡学校，尝试着引进国际课程，扩大课程交换的范围，切实在远程互动的方式中落实助推文化交融共生的发展目标。

- 网络课程

在南京大学、北京师范大学、河南大学等高校的支持下，由高校团队为中学生设计、开发并实施网络课程，让学生体验数字化学习方式。

2013年至今，已开发《数字化学习》《触摸信息技术前沿》《探索自我》(初中版和高中版)《探索职业：航空篇》(初级)等4门网络课程。其中，《探索自我》(初中版和高中版)和《探索职业：航空篇》(初级)两门课程为“中学生生涯规划”系列课程，后续将进一步补充和完善相关课程。

(2)远程活动

远程活动主要是面向师生课堂以外的时间，自由选题的主题交流让同学们感受到不同文化背景的思想交锋，同课异构的远程教研让教师们在不同教学方法中感受着知识传授过程的魅力，唇枪舌剑的辩论赛让同学们完美地显现着各自的文化背景和思维方式，演绎着跨文化交流带来的冲击。源自联校资讯科技学会主办的网上实时埠际辩论比赛是“视像中国”远程教育项目面向学生的常态活动之一，至今已开展了十三届。赛事以中英文为主，分小学、初中、高中，以讲故事、辩论为主要形式，所有赛项皆保持埠际赛，采取单淘汰制，淘汰对手晋级。每年9月开始各区域组织报名工作，10月将各地参赛学校分成若干个异地比赛团队，11月开始组织赛事，整个赛程历经一个学年。比赛做到公正、公平，有统一的比赛规则，组织固定的评委、统一管理赛题。通过竞赛锻炼了学生的口才、提高了思辩能力、培养了学生的团队合作精神。

在远程实时活动中，教师专业成长同样也有了新的渠道。每月一次的主题教研、专题论坛、沙龙活动、专题讲座等多种形式的远程互动交流，促进跨区域的教师课堂教学展示、文化交流及教学理念碰撞，教师们在多地共生的平台里展现着别样的风采，提升了教师的专业水平，同时为教育资源的均衡运用作出了积极的贡献。

(3)文化交流

文化交流主要指一年一度的现场见面活动，有学生的颁奖夏令营和教师的远程教育论坛，多年来持续受到各项目区域的热心支持，活动开展得有序有效，师生们受益匪浅。

- 颁奖夏令营

颁奖夏令营是"视像中国"远程教育项目每年固定的活动，目的是利用暑假时间让各地学生齐聚项目发源地——香港，进行一次面对面文化交流活动，香港学生和内地学生会分组进行课程体验、文化学习交流、社会考察课题等多种形式的活动，让内地学生深入香港学校、社区等场所，进行深度的了解与体验。香港学校也组织香港学生到内地项目区域进行文化考察之旅，促进香港学子对中国文化的了解。

- 远程教育年会

2008年起，每年举办的远程教育年会是"视像中国"远程教育项目针对教师层面的面对面文化交流活动，形式是各项目区域按年度轮流承办，活动包括论文评选、专家报告、区域交流、工作研讨等形态。远程教育年会论坛为项目的持续发展设定了年度工作的起点和总结，是"视像中国"的年度盛事。2008年第一届论坛即邀请到原香港教育局孙明杨局长和原上海市教委副主任张民生教授做主礼嘉宾，隆重推出了论坛的形式，各项目区域共同组织项目学校领导和教师代表参加会议。目前论坛已经持续组织了六届，第七届即逢"视像中国"计划设立十周年。

3. 项目价值与目标

"视像中国"远程教育项目里的各项活动，尊重每一所学校、每一位教育工作者，也关注参与活动和课程的每一个学生，我们尝试着从不同文化背景的教育交流中寻求素质教育的深层意义，我们也积极地从不同区域背景的学校办学中研究教育均衡的关注视角。我们发现，不同地区的同年龄孩子的天资是趋于平等的，是教育在影响和改变他们的一生，我们努力地在项目发展过程中促成教师们跨区域背景的观念交流，目的在于营造观念转变与更新的氛围；我们也努力地在项目发展过程中促成学生们跨文化背景的思想碰撞，这是在为孩子开启另一片广阔的天空。

“视像中国”远程教育项目以资源共享促成了学校之间教育环境的共同拥有，以文化共生促成了学生之间思想时空的分享交流，当我们的老师也沉浸在其中时，蓦然发现自己已经从传统学校环境里超脱，网络课堂、异地教学、多点互评的教学共研为教师的专业发展打开了一扇全新的窗。

“视像中国”远程教育项目以其独特的项目发展形态，集中呈现着以下四个核心价值追求。

- 超越校园教育

在跨文化跨区域的背景下，各地不同学校的师生们在网络实时交流活动中，超越了既有的校园时空，大大激发了学生的活动热情和教师的教学研究热情。

- 促进教育均衡

项目发展过程中重视让各地不同学校之间充分分享和交流各种教育资源，并强调校与校之间资源对等的理念，促进各区域各项目学校之间取长补短、深度交流，以独到的视角探索教育均衡化的实践途径。

- 资源的扩大与共享

项目中不同形式的活动促成了学校教育资源打破围墙而不断扩大，并使这些资源尽可能广泛地在项目区域和项目学校之间分享。

- 多元文化包容共存

项目已经发展至新加坡、马来西亚，中国香港、澳门和内地多个区域，不同文化背景的师生在同一个网络时空里推进着文化包容与共存。

4. 项目组织与架构

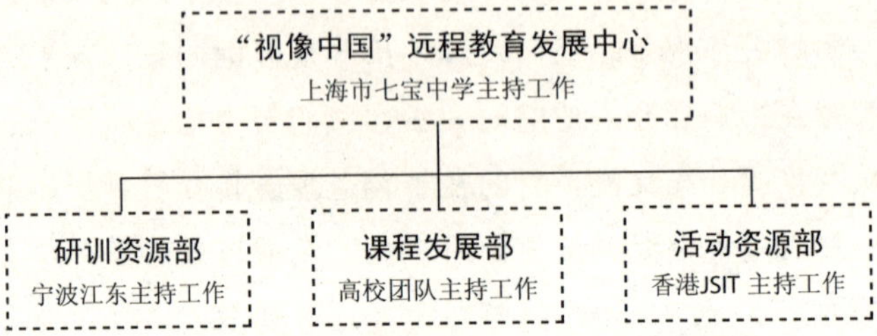

图 1-1 “视像中国”远程教育项目组织与架构

黄宝财教授作为项目的创始人，仍继续统筹指导项目的发展。承担常规工作管理的“视像中国”远程教育发展中心设在上海市七宝中学，由陈圣日老师担任召集人，负责项目总体发展设计和组织协调工作，中心配备专职行政秘书一名，负责日常文秘事务并协助推进活动资源部工作。“视像中国”远程教育发展中心于 2011 年成立之后，发展至今已经形成了研训资源部、课程发展部和活动资源部三大工作序列。

宁波江东区教育研究与装备中心承担研训资源部的主要工作，由许波老师担任项目的研训总策划，主要负责研训活动的设计与组织协调工作，参与课程发展研究工作。

北京师范大学教育技术学院和河南大学教育技术系联合组建了“视像中国”远程教育项目的高校支持团队，主持课程发展部的常规工作，主要负责网络课程开发与网络课程实施监控，参与教师研训活动的平台支持与协管。北京师范大学李玉顺博士和河南大学梁林梅博士共同承担组织领导工作，其研究生团队全面参与工作。

活动资源部是各类主题活动以及夏令营、年会的组织策划部门，由香港联校资讯科技学会及其上海分会(七宝中学现代教育技术中心承建)主持工作，主要负责网络平台维护、活动组织协调、辩论比赛组织协调、夏令营筹办、年会筹办等事务性工作。香港圣文德书院和上海市七宝中学各设专职工作人员一名。

此外，在各项目区域还有部分发展较早的项目机构，如宁波江东区教育局视像中国项目联络处、深圳南山区教育局视像中国项目协作体、佛山南海区教育局视像中国项目联络处等，是较早成型的项目推进机构，一直在承担区域项目发展联络与协调工作，为项目的持续发展奠定了很好的区域发展基础。各地均有联络员一名，负责与“视像中国”远程教育发展中心保持日常联络，其余地区和学校在申请加入项目后，一般也有指定的联络员。中心制定了例会制度，每月第一个星期五上午是项目工作例会时间，各地联络员会在召集人的组织下一同参加远程视频会议，这一制度保障了各地区项目推进工作的信息沟通与组织协调；根据阶段工作的需要，除了区域联络员到会以外，召集人会邀请黄宝财教授或其他专家一同参会，也会邀请有特别指向的学校代表参会。

5. 远程教育资源中心

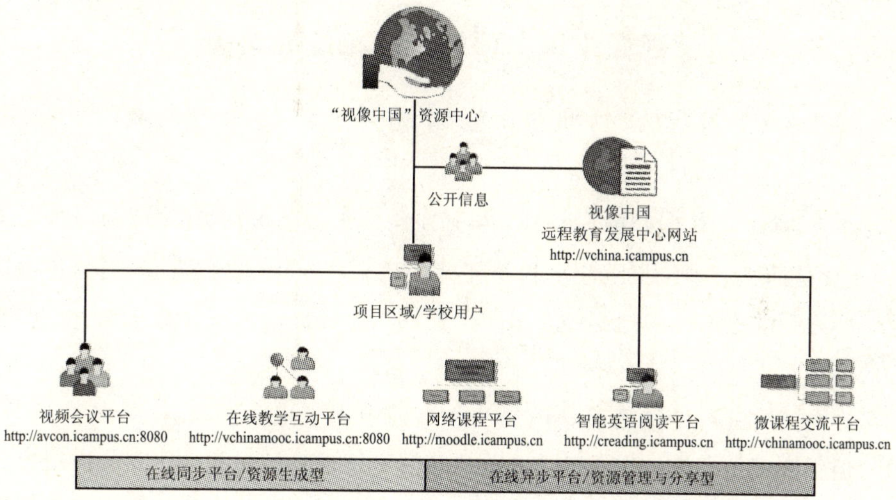

图 1-2　“视像中国”远程教育资源中心

“视像中国”远程教育资源中心是指项目发展中心建设的、面向全体项目区域和项目学校提供网络资源服务的系统总和。中心拥有多台专业级服务器，位于上海市七宝中学网络机房内。

资源中心以统一门户的方式，结合公共信息服务和定向信息服务两种方式全天候在线开放。公共信息服务指“视像中国”远程教育发展中心网站，用于面向社会及项目区域和学校发布各类活动信息及可公开下载的信息资源，以及活动组织过程中需要公开发布的各类信息，如辩论比赛的过程信息发布等；定向信息服务是指面向各项目区域和项目学校提供的需进行身份验证以后才开放的信息资源系统，包括在线视频会议系统服务、在线互动教学服务平台等生成型资源平台，以及网络课程平台、微课程交流分享平台等资源管理与分享型平台。这类系统为项目的各类活动、学生在线学习、教师协作研究等提供了实在的保障。

资源中心支持单向信任机制，通过必要的软件定制开发，可以向已登记注册的项目学校开放身份认证单向信任接口，迎接已在项目学校自身数字化校园系统里成功登录的用户直接进入资源中心访问，无须再次以不同身份账号登录资源中心，这一措施可以最大限度地保证项目学校之间实现资源分享与交流。

（上海市七宝中学　陈圣日）

“视像中国”项目源起和发展动因

——访谈“视像中国”项目发起人香港中文大学黄宝财教授

香港在 1997 年回归前一直是殖民地教育，香港的大部分学生(包括很多家长)主要是通过书本、报纸和电视媒体等渠道来认识中国内地的，当然还有接触一些来香港旅游的内地同胞。事实上这些认识都比较片面，甚至还有一些不好的消息。

在“视像中国”计划之前，内地和香港的中小学也会搞一些“姊妹学校”项目，但很多都是拜访一次、签个合作协议后，就很少开展活动了，所以很容易变成形式化的东西。那些“姊妹学校”的校长、老师及学生之间的交流真正发生没有是值得进一步深入探讨的。通过“视像中国”这个平台，香港的中小学生和老师跟内地的交流就突然多了很多，给香港的中小学生提供了一个更多了解中国内地的渠道。比如，我们香港的学生去上海、宁波、南海等城市交流时发现他们那里同学的家很大，而自己的家却是小小的，他们发现原来香港并不完全像自己想象的那么好，那么先进。我们还发现，“视像中国”计划实施之后，香港学校的老师和同学的普通话进步很快。对于香港的教师来说，在和内地学校的交流中也学到了很多的东西，内地的教学研究比香港严谨，在评课、教学交流和研讨等方面比较强，带给香港的校长和老师一定的启发和冲击。很多时候香港的校长对老师们提出了一些教学变革的建议，香港老师往往会认为难以实施（“没有可能的”，“不能做的”），但当他们去内地的学校交流之后发现，“咦，别人已经这样做了，为什么别人能够做到呢？”“这样做也很好啊！”这就带给香港的老师很大的鼓励，对香港学校教学的改进起到了很好的促进作用。另外，在“视像中国”中会有部分香港学校的老师通过网络给内地的学生上课，这类活动对香港的老师也是一个挑战和提高的机会，参与示范课的老师通常都会很认真地准备，并且和内地的老师开展教学研讨、交流，不断寻找改进教学的有效方法，这样既开阔了香港教师的眼界，也提高了香港教师的网络教学技能。

“视像中国”计划为参加的学校提供了一个交流和合作的开放平台，给教师提供了一个成长和发展的平台，给学生提供了一个拓展视野的平台。借助于这个平台，香港和内地的师生对我们的国家、我们国家的人、我们国家的事物、我们国家的历史、我们国家的文化有了更多的了解和更深入的认识。同时，我认为“视像中国”计划还发挥了“网络”的强大作用，这里不仅仅是指信息技术网络，更是“人的网络”，是孩子们结交新朋友的网络，是校长和老师们认识新朋友，结识新同行的网络。“视像中国”计划借助于信息技术为参与学校的师生提供了一种全新的学习体验和学习经历，也为参加的校长和老师们提供了非常独特的经验。

香港的经济发展、交通、信息科技等方面相对来说都比内地发展要快，教育的一些经验、政策部分也可以和内地相互取长补短。我个人认为作为一个香港人，我们拥有的东西已经不少了，我一直感觉香港要对国家做出更多的贡献。香港的信息科技比较发达，十年前我看到过前教育部长周济的一个发言，要通过网络让城乡差距缩小。那时我就想，我是网络技术方面的专家，怎样能够利用互联网把教育带到那些比较落后的地方？那里难找好的老师，难找好的资源，难找好的课程，而互联网却可以将香港和内地好的老师、好的资源及好的课程带给他们。

我们在香港有一个团队，这个团队因为“视像中国”计划而凝聚在一起。感谢香港那些热心参与“视像中国”计划的校长和老师们，他们这些年都是自费参加的。他们也非常愿意开放他们的学校，让内地的学校去参观，让内地的学校去交流，他们也会不定期带着自己的学生到内地去交流。他们做这些事情不是为了什么“好处”，他们都和我一样，感觉到自己作为香港人已经得到了那么多的“好处”了，愿意尽一己之力服务祖国，这是很多香港同行的共同想法。

我们愿意借助“视像中国”这个平台，为中国的下一代做更多的事情。

"视像中国"带来学校文化新变革

——访谈香港联校资讯科技学会会长梁锦松老师

与过去相比，很多东西都已经改变了——一些老师和学生不是很珍惜"视像中国"平台提供的机会，不想认真干，很多东西都是表面上的。用我们20、30年前的理念，在现在的社会中已经不妥了。但是参与项目的总有一些人是认真的，可能这样的人数量不是很多，但有5%～10%的人能够认真参与就已经足够了。

七年前我们把香港的学生带到上海的七宝中学去，那时候没有很多的经费，但老师和学生都是很认真的，现在的情境却大不相同了。

这个项目的实施对于香港和内地的学生是很有意义的，不同文化、不同环境、不同历史的学生相互交流。

十年前我们开始在香港做这个项目的时候，几乎是什么东西都没有——网络不行，电脑不行……现在我们什么东西都有了，但是人的精神没有了，不完全是学校的问题，整个社会变了(社会的观念改变了)，变得很不好。物质的东西太容易满足了，人就不珍惜了。

以前网络没有这么流畅的时候，我到上海感觉就是另一个不同的社会，现在上海和香港一样了。最近十年受全球化的影响，很多东西和地方都一样了，差异越来越小，孩子们也没有什么新鲜感，已经不珍惜这个东西了，和以前不同了。以前机会少，大家都很珍惜的，现在什么都太容易了，不感觉有什么特别的。

现在的网络时代还有一些东西是很多人没有留意的：现在的教育系统已经全部被破坏了，现在我们的教育制度已经过时，应该淘汰了，现在学校做人的东西不教了，全部都是学问的东西，以前我们学的那些礼义廉耻现在没有了(现在学校该教的不教，教了的又没用)，整个教育制度是错的。

再回到"视像中国"这个项目，我们学生在学校的学习是单向的，交流非常有限，"视像中国"使香港一个学校的老师、学生可以和香港其他学校的师生交流，甚至可以和内地的学校交流，不仅仅是知识方面的，还有人文、环境、思想、情感方面的。“视像中国”可以开阔教师的眼界，看看人家是怎么想的，人家是怎么教学的，进而思考为什么人家会这么干，并感受别人不同的文化。以前学习别人的方法就是留学，现在不用了，通过网络就可以很方便地交流。“视像中国”就是要让老师的“脑筋”，老师的文化，尽快跟上全球化的发展，把全球的好东西放到老师眼前，了解别人的最新想法和做法。所以全球化很重要。

中国的学校常常是“传统是这样，规矩是这样，所以我要这样做”，很多时候其实是不对的。而且，我们中国只是学习别人“技术”性的东西，却没有人文的，没有精神的。只关注别人表面的东西，却忽视了背后那些文化的、精神的东西。“视像中国”把其他地方的文化带进来了，网络不受地理环境限制。

十年前我们启动“视像中国”项目的时候，那时整个香港地区利用网络的跨校交流刚刚起步。利用网络“手拉手”这个理念在当时的香港也是特别新的。

我一直都喜欢尝试新东西。1994 年我开始搞网络，1998 年的时候香港学校开始在学校里推进资讯科技，大部分都在使用 PPT 教学，而我当时就认为 PPT 教学和资讯科技没有关系，为电脑而电脑，为资讯科技而资讯科技是不对的。我当时就倡导资讯科技应该用网络来教学，网络是全球化的，是实时的，可以互动。2000 年的时候我就在想学校可以用网络做些什么，我尝试利用网络来搞辩论比赛。那时我搞的时候，人家就笑我——同样都在香港，香港那么小，两个学校离得又不远，何苦要放到网上那么复杂(当时的网络还不发达，会出现很多技术问题)，把两个学校的学生带到一起辩论不就可以了吗？很多人不理解我为什么要这么做，认为是“多此一举”，本来很简单的事情，为什么要搞这么麻烦？我们当时的实验面临了很多的嘲笑。第二年也很麻烦，到了第三年，慢慢开始被人理解和接受，那时候上海的项目负责人来香港，我就把一些设备给他们，让他们带回上海做。做了 4～5 年之后，那些没有做好的人还是在抱怨我：做这个有什么意思？那个时候我就主要思考如何借助于网络打破地理的限制，开展实时的、互动的交流。老师通过网络讲授是没有意思的，所以一定要互动的。我就利用辩论赛来互动，2004 年就正式开始“视像中国”这个项目。现在在科技上面没有什么问题了，而人的观念和人自身有问题。现在的重点不在技术，而在人，现在缺“有心人”。

香港 300 所学校参加“视像中国”活动，有 30 所学校做得不错，有 10 所学校是很认真的。如果能够有个“hub”，有个联络员把大家组织起来，就可以了。以前我没有退休的时候，每个月都有例会，有200～300个老师参加，还是不错的。现在香港还有老师愿意做这个东西的，但是要有一个“牵头人”，把大家组织起来。内地陈圣日老师已经做了很多很好的工作，可以把内地的一些学校组织起来。而香港已经开始弱化。“牵头人”需要花时间，花精力，愿意用心来做这个东西，估计会很困难，如果是有心人，一定可以干成的(大家都愿意利用这个平台来和别人交流，来发展自己，但又不愿意来搭建这个平台，都在等着别人“搭台子”，自己来“共享”)。

还有一些人参加这个项目，不是希望把项目做好，只是想给自己“贴金”，真正把精神(心)放进去的人不多。不论从什么角度看，再过五年，“视像中国”所做的东西就会开始普及，五年之后通过网络的全球交流会变得非常普遍。

香港老师太忙了，很多老师需要的不是这个东西，而是文凭。现在，香港的老师忙得太厉害，很多老师没有精力做这个事情。如果教育局有专门的部门来发展远程教学，专门有人来协调这件事情，就比较好了。但是很多地方把这个项目的实施放在资讯科技部门，其实是不对的。“视像中国”的核心不是科技，而是应用、文化。技术的东西是死的，如何利用这个平台推动文化交流，才是最重要的。因此对“视像中国”而言，文化是最重要的(也是最难的)，人是最重要的。

“视像中国”简单来说就是“交朋友”，了解他人的文化，了解他人的思想观点，这样才能提升人的素质，才能真正改变人。

我们把“视像中国”的“种子”撒下去，100个人中如果能有5～10个人认真干这个东西，就够了。至少通过“视像中国”平台交到了很多朋友，付出的东西已经有回报了。

“视像中国”促动教师专业新发展

——访谈宁波市江东区教育局章局长

“视像中国”这个项目从2007年开始进入我们江东区，一开始是从学校层面先做起的。2008年区教育局层面开始对这个项目有所接触和了解，并着手从区域层面推动。所以“视像中国”在江东区的整个发展过程是从民间开始，到行政介入和推动的。

最初我们对项目的了解是从学生活动开始的。2007 年，包括后来的 2008 年和 2009 年，都搞了一些活动，基本都是以两地的学生(香港和江东的学生)为主，包括辩论赛，我们民族的一些东西，像剪纸啊，过中秋节啊，一起过圣诞节啊等的这一些活动。通过网络的形式共同搞活动，起步的时候以这个为主题。

到后来扩展到同上一堂课，从活动走进了课堂。走进课程是从 2009 年开始的，我们开始倡导这方面。2008 年我带队到香港参加年会的时候达成了这样一个协议，接收香港的学生到我们这边来进行一些交流活动。在交流的时候他们的老师带队过来，我们就考虑要充分利用带队老师的资源，香港的科技课程和英语课程还是比较强的，就邀请带队的老师给我们太古小学的学生和他们的学生同上一堂课，还教我们做一些水火箭、航空模型，他们在科技的动手能力方面比较强。通过线下的面对面交流以后，就开始在网上同上一堂课。我们给他们提供的都是一些民族的、动手的课，包括做汤圆，剪纸课、陶艺课，都是类似于这种课，他们那边主要提供英语、科技方面的课。就这样逐步进入到课堂。

2008 年我们到香港参加年会的时候，一方面是双方互相交流，另外一方面当时也做了一个决定，2009 年的年会在宁波江东区召开，所以 2009 年我们就做了这个年会。这个年会我们是跟江东区第二届远程教育论坛结合起来的。我们江东区过去有个传统，就是两到三年有一届教育论坛。第二届我们分了两个论坛，一个以小朋友读书作为主题，另一个就是以远程教育作为主题，两个研讨活动合在一起，这个就是 2009 年的时候，在我们江东区召开的“视像中国”年会。这个应该说是我们江东区承担的一个比较大的和“视像中国”有关的活动，是一个重要的关键时刻。从 2009 年年会召开以后，基本上奠定了在全区范围内推广“视像中国”计划这样一个明确的目标。

从学生活动走向课堂以后，第三步就是逐步走向教师培训。教师培训实际上和我们组织的变动也有一定的关系，因为原来“视像中国”的联络处放在太古小学，后来随着工作的一些调整(许波老师到教装中心工作以后)，“视像中国”联络处从太古小学转到了教装中心，主要由许波老师负责。教装中心承担的一个工作就是教师培训，我也发现“视像中国”这个平台不光是可以开展学生活动和课堂教学，同时也可以进行教师培训。因此，“视像中国”在江东区的开展经过了一个逐步拓展、范围扩大的过程。利用“视像中国”开展教师培训，一个是因为我们组织机构的变迁，同时“视像中国”在大陆地区拓展的过程中，也有其他地区的一些情况发生变化的原因，比方说重庆的北碚区，本身就是由教师进修学校来承担“视像中国”项目推进的。还有上海的七宝中学，他们也很重视远程教育和教师培训这些工作。因此，实际上大家都有这样一个需求和共识——要通过“视像中国”这个平台在教师培训方面做一些事情。因此我们就推出了一些活动项目，一方面是教师培训的，比方说大家共同探讨某一堂课，专家对课堂教学的点评活动；另一方面我们也推出了干部培训的课程，比方说校长论坛，当时也搞了好几期的校长论坛，就是通过“视像中国”的平台，各地的校长来共同探讨一些问题。实际上在教师培训和校长培训这方面已经搞得比较成熟，利用网络之后范围更大。

“视像中国”之所以能够在我们江东区一直持续地发展，我想有几个方面的原因。一个是我们的组织机构还是比较健全的。我们从学校、民间的一个活动机构，逐步向全区范围内发展。一开始是民间的，后来是行政部门推动，再逐步完善机构、制度。从行政部门推动以后，又去完善学校里面的机构。是这样一个过程：来自于民间，然后通过行政推动，又回到民间。在我们的推动下，区里很多的相对比较知名的学校开始参与到这个项目中来，逐步认识到对他们的工作可以起到一种推动作用，特别是教师、校长做了培训以后，交流多了以后，他们感觉到收获比较大，是个非常不错的项目。

第二个我感觉到，大家的需求还是存在的，就是说不管是什么类型的学校，什么层次的学校，大家都普遍认为这个项目可以给他们带来有益的帮助，这个是很重要的。首先是我们很多的校长，觉得通过“视像中国”开阔了视野。通过参加“视像中国”计划，可以和其他区域的学校进行交流，因此满足了交流的需求，而且这种视野开阔的成本和代价不是很高(成本比较小)，通过视频不需要很大的投入，如果你人要过去，是要一个很大的成本投入。在低投入的情况下，学生、校长、教师和管理者都有一个很好的开阔视野的机会。我们有很多学校，也是通过这个平台，跟香港的学校结对，结成姊妹学校，为以后双方的小朋友也好，教师也好，进行后续的面对面交流搭建了感情的平台。先在网上交流，交流到一定程度比较熟以后，我们这边可以过去，他们那边也可以过来；其次，从教师的专业发展和教学思想的改变方面，大家觉得有需求。例如我们英语教学，原来的方法跟香港的英语教学是不一样的。香港的英语教学它是一种母语体系的教学，它是当你本身就是英语国家的人一样，所以它的很多教材原来是英国的，直接引进过来的。而我们这里的教学是第二语言的教学，本身教学方式是有很大区别的，教学的一些方法、思想，包括对某些事情的认识，和我们的教师是不一样的，我觉得这也是一种需求；再次，从学生角度来说，“视像中国”是一个广阔天地，是一个拓宽视野的过程。我们的学生每年都会到香港参加夏令营的活动，这个也是一个平台；最后，是江东区学生家长的需求。一个是到香港参加夏令营活动，家长们是非常欢迎的，希望持续做下去。另外，香港学生到我们这边来，进入到我们的家庭，我们的家长也欢迎。家长们希望自己的小朋友跟香港的小朋友成为朋友，平时的时候可以通过网络做一些交流，通通信，学习上也可以互相帮助，以后去香港的话也有个小伙伴，通过这个拓宽孩子的视野。所以我认为这种需求目前是存在的，这种需求也是我们可以不断地去做事情的重要原因。

“视像中国”能够在江东一直持续开展的第三个原因，我认为是各方力量整合得比较好。我们江东区跟其他区域相比，各方力量整合得比较好，我们把这个项目的组织放在教装中心(包含了教研、培训、科研、电教和装备几大块)。从“视像中国”整个项目来看，它是一个信息化的项目，从机构的角度来看，有些地方是放在电教馆或信息中心来做这个事情，因为这本身是通过网络开展交流的一个活动；也可以通过教师培训部门来做这个事情；还可以通过某一个学校来组织。而在我们江东，这几块力量都是整合在一起的。像这样各方力量整合在一起有什么好处呢？就是我们的每一次活动，在技术上，在业务上，都可以得到各方面力量的支持。因为我们通过教装中心这个机构整合了，所以下边也能够很好地融合在一起。

“视像中国”拓展学生发展新时空

——访谈宁波市栎木小学和东柳小学校长

1. 访谈宁波市栎木小学张校长

接触“视像中国”也是一个机缘巧合，2008 年的时候，是从太古小学马任校长那儿开始的。当时和马校长也比较聊得来，我们这些校长在一起交流工作闲聊的时候，他就说到这个项目，我们都觉得很有兴趣。当时他在上海挂职锻炼的时候，了解到这个信息，我说我们一起参与吧，他也很爽快地说好。

为什么我们学校会想到参与这个活动呢？一个呢，我们江东区在教育信息化方面一直是走在前面的，基本的电脑配置啊，包括那个时候我们演播室的配置啊，基本的设备都已经到位了，我们已经具备了开展“视像中国”活动所需要的基础设备；第二个呢，我们想通过这个平台，对外做一些学生和教师之间的交流；第三个呢，我们也想通过这个平台，让孩子们有更多的机会参与各种各样的活动。平时我们的孩子只能在自己学校范围里面，在年级组里面，在班级里面交流，能够参与区里面活动的孩子毕竟是少数。我一直在思考，如何让每个孩子都能够动起来。而“视像中国”，就是一个比较好的平台。

我们学校在整个参与的历程当中，经历了从被动到主动的过程。当时因为我们学校还没有设备，我们都是到太古小学去参与的。后来，就尝试把我们自己的演播室利用起来，添置了一些必要的设备。之后我们的主动性就越来越强，我们跟香港的两所小学，还有广东佛山官窑镇中心小学建立了直接的联系，这时候校际的沟通其实是比较方便的。

另一方面，我们学校的参与经过了一个从部分到全体的过程。在开始的起步阶段，我们的参与面相对比较狭窄，比如说 2008 年 5 月的时候，我们就组织了 4 名学生参加了香港一内地两地的“网上辩论赛”；2009 年 3 月的时候，我们也参加了“普通话看图说故事”的比赛。通过设备不断的改善，学校之间沟通日益频繁，我们的参与人员也慢慢地由部分达到了全体，参与的学生也是大大增加了，比如说 2009 年 5 月的时候，我们和广东佛山官窑镇中心小学，专门开展了“品味儿童文学，打造书香校园”名著阅读的远程交流活动，他们是三年级，我们也是整个三年级一百多个学生，一起参与安徒生童话的阅读，共同阅读安徒生童话。通过阅读以后呢，再集中在一个下午里面，我们把安徒生童话阅读的过程，和官窑镇中心小学做了一个交流，形式也比较多样化的。有同学交流了自己阅读了安徒生童话的心得体会，有的孩子朗诵了自己创作的童话故事，还有的孩子很生动形象地演讲了安徒生童话的故事。我觉得这个活动是我们 2008 年开始以来参与的第一个比较大型的活动，参与的学生是最多的，一百多个学生(三年级的全部学生)一起参与，我们在整个大的演播室里面，都坐得满满当当的。这样的活动为孩子搭建了一个很好的交流、展示的平台。本来孩子们都在自己学校的小范围里交流，他们通过这么一个网络的途径，可以跟这么远的孩子们交流，那时候孩子们觉得很神奇、很兴奋，经历了全新的体验。我们学校的孩子中还有一些外来务工人员的孩子，有的孩子家里没有电脑，通过参加“视像中国”的活动，使孩子们觉得网络的天地真是太大了。他们不单是体验了活动的快乐，交流的快乐，还体验到了网络的神奇。

经过这些活动之后，我们的胆子就更大了。在 2009 年 6 月的时候，我们自己联合了香港的几所学校(原来和官窑镇中心小学是“一对一”，现在是“一对多”了)，开展了“中秋月　团圆情”的活动，还参加了“视像中国”的“幸福儿童、快乐六一”活动，展示了我们学校“经典诵读”的特色。到了 2009 年 9 月，以我们学校作为宁波地区的主场地，举行了“三地学子共庆中华人民共和国诞辰 60 周年”的一个活动，这是我们学校第一次举行三地的大型活动，而且宁波地区是以我们作为主会场的，是“浙粤港”三地的活动。这个时候是我们全校师生都动员起来了，大家一起分工，有专门负责设备的设备组；由于其他学校的学生和老师也要到我们这儿来的，因此接待的就专门是接待组；专门负责排练的有排练组；还有导演组，小主持人的培训，节目的排练，设备的调试，后勤的保障等。我们经过 20 多天的准备就把这个活动搞出来了，那时候应该说各方面的效果都是很不错的。

在整个的过程中，我们还逐步从网络上的交流走到了与实地访问相结合。2008 年 12 月份的时候，香港圣文德天主教小学，一个环保考察交流教育访问团到了我们江东区。有香港的 8 位孩子跟我们学校的 8 位孩子手拉手结对，在宁波的三天，住在我们孩子家里，一起感受宁波的家庭，宁波的文化，一起上课。2010 年 7 月的时候，我们学校也组队到香港去参加了五天的活动。他们也是住在孩子们的家里，感觉香港地方太小了，还是自己的家里大；孩子们发现香港学生的校服很好看，而我们的校服都是运动服；香港的马路不是很宽，但是他们很有礼貌，很有秩序。这是我们孩子第一次出去，通过这一点对孩子也是一种锻炼，因为学校里面不光是学习，最重要的还要孩子们学会交流、做人、合作，我觉得这个很重要。

2. 访谈宁波市东柳小学何灿军校长

刚开始我们是从马校长那里了解到“视像中国”的一些活动信息的，他们太古小学参加得比较早，我和马校长关系也比较好，他跟我介绍有这么个项目，问我要不要参加。我一开始吧，比较担心。他第一次跟我讲了之后，我也没有反应，为什么呢？担心我们毕竟是小学校，我们东柳小学才 12 个班级，感觉我们的孩子相对来说比较内向(我们属于城乡结合部的学校)，那时候我刚刚当校长，担心如果和香港的小朋友交流的话，会不会给我们学校丢面子，当时就是这个想法。

后来马校长说没关系的，你先试一试。记得我们学校第一次与香港学校进行视频交流，那次非常简单，也没有什么主题，主要是学生之间的交流，我们也不知道该怎么做。后来过元宵节，经过商定之后，香港的学校提出请我们教他们做元宵。说实在话，这个东西我心理也没底，我自己也不会做元宵，我知道我们的孩子也不太会做元宵，对于如何做元宵我们一无所知。当时我很紧张，毕竟是我们要教他们。因为是第一次，我们把它当成一件大事。我把所有老师都集中起来，我问女老师们谁会做元宵，其中有一位张老师会做，我就请她负责。我让我们老师在春节期间一定要再请教一下会做元宵的师傅，到底怎样和面，怎样弄粉，怎样拌馅，怎么知道元宵煮熟了没有等，我叮嘱我们老师一定要把整个做元宵的过程仔仔细细地演练几遍。是紧张啊，毕竟是第一次！

到元宵节那一天我们也请来了当地的一些媒体，当时没有专线，用的视频信号不是很好，画面也不是很清晰。那天我也不敢亮相，只是躲在后面给他们拍照片，我也紧张啊。一开始交流的十几分钟，我感觉我们的孩子十分紧张，动也不敢动，说也不敢说，那个时候真紧张啊。我们的老师也是一样，非常紧张，本来演练得很熟练，那个时候也出现了小小的波折。但是进入后半段后，我们的孩子逐渐放开了，特别是从画面当中看到香港小朋友在和粉的时候弄得脸上身上都是的时候，他们很开心，那个时候我们的孩子也放开了，开始交流、说话，告诉香港的小朋友怎么做，煮好后两地的小朋友一块对着屏幕吃元宵，那时候大家的心情都放松了，我也是到了那个时候才把心放下了。

第一次的活动真正给我的感受是：香港的小朋友怎么这么大方，在镜头前面和我们交流一点都不怯生，很大方，很随意，就像在平时聊天一样；但是反观我们的孩子，就多了些拘束。这就是我们之间的不同所在。这第一次的尝试我们觉得蛮新鲜的，我从画面上同步能够看到香港的孩子。第一次活动结束以后我很兴奋，跟马校长说以后我们要多参加了。为什么呢？主要是让我们的孩子练练胆量(当时并没有其他的目的)，香港的孩子在镜头前面是怎么样表现的，我们的孩子也应该怎么样表现。一次不行两次，两次不行三次，这样慢慢我们的孩子胆子也大起来，见到镜头也敢说话，要达到这么一个目的就行了。

后来我们又参加了唱歌比赛、辩论赛等，给我印象比较深刻的是我们在前半年的一个学期中，活动开展得蛮多的，这些活动给我的一个总体感觉是我们的孩子还是没有放开，我们的老师也没有放开，表现在一开始每一次的活动我们老师帮得太多，老师把什么都给学生准备好了，就是让学生在临场的时候按照老师准备的思路去读一读。我记得第一次参加网上辩论赛时由我们大队辅导员胡老师作指导，题目出来以后，我们老师连夜从网上搜索资料，再经过加工、整理，交给学生，让学生读熟，等到那天比赛的时候就是让学生去读一读。可想而知，与香港学生相比，肯定是我们准备得足啊，所以我们成绩比较好。但是这样的方式我们也在和老师讨论、思考，是不是应该这样做？我们基本上每个月都参加1～2次网上辩论赛，我说我们每次基本上都是老师出面，好像都在考老师。另外，我们是不是能够通过参加这样的活动来培养学生的某种能力，这应该是最主要的，并不是说我们要取得怎么样的成绩。成绩是次要的，学生的能力才是主要的。不管比赛最后的成绩如何，这些我们不关心，我们是不是要把这些获得的成绩、荣誉看淡一些，让学生自己去解决，自己去了解，自己去准备，自己去交流，这样可能才能达到真正的目的。

这些参加辩论赛的学生身上确实发生了变化，他们自信心强了，各种能力也就出来了，“六一”的网上汇演唱歌、交流啊都能自如应对，我们的学生在表演的过程中，在对话的过程中也逐渐自然了。孩子们也很清楚应该“玩”。因为从镜头中看到香港的老师很少出面，我就跟我们的老师说你们尽量少参与，让孩子自己去“玩”。

前期的几次活动主要以香港那边为主，后来我们主动提出来是不是活动的内容可以再丰富一点，增加一些老师上课的内容，看看我们的老师怎样给孩子上课，你们的老师怎样给孩子上课，我们也想听听。所以后来发展到对方的老师给我们的孩子上英语课(一开始的时候是他们自己上课的时候我们旁听，然后发展到他们的老师给我们的孩子上课)，我们同样也给他们上课，上语文课，上风俗、传统节日这样的内容(我也上过两堂数学趣味课)，反响也不错。整个过程到现在还在进行(我换了一个小学工作后，也把这个活动带过来继续做)。现在我们老师给香港学生上课很多，比如每个月的第一个星期一下午都有“诗歌课”。

所以，整个经历过来，我们的孩子开阔了视野、见识了很多东西，至少知道香港小朋友是什么样子的，好像没有我们想象的那么神秘。毕竟在没有“视像中国”这个项目以前，我们的孩子与外界(特别是大陆外的)接触的实在是太少、太少了。

其实对于我本人来说，也和学生和老师们一样，经历了一个开阔视野、从不自信到自信的过程。我们学校在全江东区是最小的，我当初也不自信(这么小的一个学校，香港的学校能不能看得上我们。其实后来了解到，香港的小学都比较小)。参加“视像中国”也同时给了我自信，让我感到我们的学生，我们的老师原来也很“厉害”。我们学校参与得比较早，与那些起步比我们晚的学校来说，我很自豪。后来发现香港的孩子在唱歌、乐器表演、背诗等方面其实并不比我们的孩子强很多，但它们敢于表现，很自信，我们要学的其实就是这一点，不在于水平、质量有多高，而在于你敢不敢展示自己。当认识到这一点后，我越来越自信了。从单个学生的素质来讲，我们的孩子肯定不比他们差(我们的学生会乐器的，会背诗的，会唱歌的“一拉一大把”)。而我们的孩子最缺乏的就是怎么样去表现自己，缺乏自信。所以我们意识到：自信比你所掌握的技能更重要。一个人缺乏自信的话，很多事情都办不成。

“视像中国”背后的技术应用支撑

——访谈宁波市太古小学马任校长和江东区电教站董明杰老师

1. 访谈宁波市太古小学马任校长

2006年下半年我到上海师专附小挂职学习两个月，主要学习学校的管理经验。在学习期间看到学校网站上一个“视像中国”计划的标志，当时也不太明白究竟是个什么东西，原来还以为是搞录像的。后来跟踪参与了一次学生搞的活动：看到教室里面很简单的有一台电脑，两台电视，学生人数也不多，我问了一下才知道是叫“视像中国”。我当时没有什么印象，以为是普通的公开课呢！好像还没有(观摩的)老师，我当时想这样的课给谁看哪，连老师都没有。进一步询问之后才了解到正在和香港学校的学生开展学生和学生之间的交流活动。这是我对“视像中国”活动的最初印象，我当时感觉到上海还可以和香港的学校交流啊，因为当时对我来说，这样的活动是很高科技、很尖端的活动，很惊奇的。到年底的时候，校长说上海师专附小要到上海市青少年宫领“视像中国”的优秀学校奖的时候，我向一个老师询问了“视像中国”更详细的情况，老师告诉我是和香港学校交流的一个活动，我当时还询问他们是怎么联系到香港学校的，他告诉我是和上海市的青少年宫联系的，主要用MSN和香港的伙伴学校进行联系。

到了年底的时候，学校安排要接待香港的孩子，到上海游学，到上海小孩子的家中访问，跟着师专附小的孩子上一天的课。当时我也全程参与了方案的策划，包括怎么接待，怎么安排这些孩子上课，怎么准备教材，怎么安排香港学生到上海学生家里住宿等。到了接待的时候我发现香港的孩子和我们大陆的孩子也差不多，普通话讲得不太好，通过接触发现香港的老师们也很希望香港的学生能够与大陆的学生进行交流，有这种迫切的愿望。当时我感觉到这是个很好的项目，哪一天我们也能够和香港的学校进行交流，那将是多么好的一件事情。当时只有这些模糊的初步印象。

从上海挂职回来后，我给我们学校的书记讲了这件事，认为如果我们学校也能够参与这个项目，我们学校的品牌就会打得很响。因为当时整个宁波市也好，整个江东区也好，我好像没有听说过哪个学校能够跟香港的学校结对交流。挂职回来后我就开始在网上搜索关于“视像中国”的信息(我当时除了“视像中国”四个字之外可以说是一无所知)，陆陆续续找了一个多月，发现有个“vchina”的香港的网站(http://www. vchina. hk)，进入这个网站后，都是繁体字，当时就看了里面的内容，感觉这是一个很好的活动。当时看到香港学校和上海、北京的学校交流比较多，了解到陈圣日他们在给香港的孩子上普通话课，我认为我们学校也要参加这样的活动。

在香港梁锦松老师的指导下我们建立了 MSN 联系，梁老师一开始不了解宁波(甚至不知道宁波在哪里)，我一看见梁老师上线就主动和他打招呼，让他对宁波和我们学校有了印象，经过了个把月的网上交流，梁老师建议我们把 AVCON 视频架起来试试看，我们当时不会用，梁老师让我们去看网站上的使用说明。我和范老师就开始研究 AVCON 视频，当时还是一种很先进的东西，我们谁都不懂。我们用了一天时间去买摄像头，又研究了两天两夜(晚上都不回家)。当时我们的网络条件很差，有时能进去，有时进不去，有一天晚上七八点钟我们终于在视频中看见了梁锦松老师，终于见上面了，很高兴！梁老师也很热心，邀请我们参加以后的“视像中国”活动。梁老师又问我们有没有设备？我马上回答“有，有，有”(其实当时我们什么设备也没有，但我认为只要给我们参加的机会，设备问题我们一定会设法解决的)！梁老师让我们先去准备设备，参加随后 2 月份的“五地网上庆新春”活动。

我们当时都很兴奋，我当时的很大时间和精力都投入到了这项活动，我开始和范老师在多媒体教室研究设备准备和架设的问题。虽然我们学校在“五地网上庆新春”中只有一个节目，但前期准备很复杂，除了报送、排练节目，还要进行设备的测试。就是那个时候我认识了香港负责技术的 Jack 和上海、江苏、北京的一批老师，遇到技术问题我就会向他们请教，经过了 4～5 次的前期测试之后，我逐步掌握了这些大型活动的流程。这次活动结束后宁波的很多报纸都报道了这次活动，电视上也报道了(因为这种活动当时在宁波还很少)，很是“轰动”，并且媒体报道中我们学校是代表浙江省的唯一一所学校参加的，非常自豪！局领导看到了这项活动的影响和价值，也非常得支持。

之后梁老师开始给我们介绍香港的“结对”学校，开展了许多的网上交流活动。我们学校的学生和香港结对学校的学生开展了网络交流，我们学校学生向香港学校学生介绍宁波的风俗、特产及我们的学校，媒体都进行了相关的报道；随后，我在 MSN 上发现梁老师到了上海，就邀请他到宁波来转转，我们终于打动了梁老师，他从上海坐火车来了宁波，还带来了一个调音台和两个话筒。我请了区装备中心的董站长和信息技术教研员贾老师来陪梁老师（梁老师是搞技术出身的）。通过这一次接触，我们了解到“视像中国”的更多信息，我们后期活动很多的技术支持都是董站长和贾老师在参与和支持的。

之后我们还参与了“四地同上一堂课”（主题为“天气”）的活动，由上海七宝中学的老师授课，上海、宁波（小学生）、马来西亚（高中生）和香港（初中生）的学生一起上课，各自介绍当时本地的天气情况，衣服穿着和生活习俗，课程学习交流中同学们真的认识到中国的地域广阔。这次活动也推出了新闻报道，这是我们第一次参加课程教学活动。

接着，我们开始参加“视像中国”的网上辩论赛。因为辩论赛好几所学校都可以参加，我就开始鼓动兄弟学校（像我们一样的薄弱学校）参加，其实我那些兄弟们看到我们的活动也一直在要求参加（他们那些学校老师出去学习的机会同样很少）。他们同时也有顾虑：辩论赛我们什么也不会，学校更没有设备。我说，没关系呀，只要你们愿意参加，到时候我都帮你们解决！第一次参与辩论赛时由于不熟悉情况我们都很紧张，当时的技术条件也不好，设备调试常常需要很长时间，有时候很晚才能够结束。虽然五场辩论赛下来经历了许多曲折，但校长们的积极性都很高，认为完成了就是很大的收获。每次参加完一场辩论赛教育局都发布新闻，给了我们很大的鼓励。

后面的活动就比较顺了。那时我在想，光做辩论赛不行，我们的学生应该多交流。所以 2008 年 12 月份，香港的圣文德天主教小学派了 26 个学生、6 个老师到我们学校访问，因为我之前在上海挂职时有过接待香港交流学生的经验，我就自己接待，同时请另外两所学校（通途小学和栎木小学）帮忙接待，每所学校分了一些老师和学生。那些学校的校长和老师都非常乐意接待香港的师生。我们制订了很周密的接待方案，教育局要求我们要保证香港学生和老师的绝对安全。我把每一个香港的孩子交给一位老师负责，比如到某个同学家中，老师白天晚上都要保持电话联系，“一对一”负责。我胆子还蛮大的，当时确实承担了很大的压力，出了任何问题我都需要去承担。我请我们局长来致欢迎词，香港的老师(领队林伟才副校长)到宁波后给我们的学生上了一堂英语课和一堂科技课，他们的英文课上得真漂亮，科技课也很好。我当场邀请林老师今后在网上继续给我们上科技课。

2009年，在我们江东区的教育工作会议上，我们局长邀请了“视像中国”的负责人(梁老师、赖校长和林校长)来宁波介绍该项目，在这次教育工作会议后，局长决定“视像中国”计划要在全区铺开。2009年4月份，香港又来了一批学校与我们江东区的学校结对，教育局主持开展了“甬港学校结对”仪式，我们江东区的所有学校都和香港学校结对。同时，局里还成立了“江东区视像中国秘书处”，局长是总负责人，主管是副局长，我是办公室主任，办公室就设在太古小学，局领导仍然定位为“民间组织”。同样在2009年，我们还专门搞了“甬港课程交流月”活动：与香港进行语文、英语、科学课的交流。2010年，许波老师调到教装中心，接手了这些工作，2011年我就开始慢慢退出了。

我认为“视像中国”最大的优势就是找到了香港的优质教育资源，并且被我所用。当时我还做了一件事情，就是课程交换，我们这边普通话好，我们可以给香港的学校上普通话课(香港叫“国情课”)，我们的老师给香港的学校上课同样算工作。教装中心的宋洵主任接手后，全力支持“视像中国”计划，并且在全区全力推动。“视像中国”的所有活动都由教装中心来承担了。

总体而言，“视像中国”给江东的教育带来了许多新的教学理念，而且是我们过去所不知道的一些新的教育、教学理念；“视像中国”改变了江东区教师、学生的观念，包括我们校长的观念，开阔了眼界。通过和中国香港、新加坡、马来西亚的交流，我们知道了人家是怎么做学校的，人家是怎么办教育的，观念的改变带来了很大的变化，这一点非常重要；最关键的是我们引进了香港的一批优秀、特色课程。像“水火箭”“风力车”等都是移植、学习、消化香港那套教材内容来设计的，这几个项目参加了中央电教馆“技术启迪智慧”的项目，与“结对”的四川学校一起做项目学习的活动，一共做了三期，每期都获奖。虽然我们学校是参与学校里面较为弱势的，但我们参与的老师和孩子们成长得都很快。

2. 访谈宁波市江东区电教站董明杰老师

2006年年底至2007年年初这个阶段，马任校长到电教站和我们商量这个事情，他们有个“视像中国”计划。当时我们还有一个信息技术教研员一起，从技术或者设备的角度，能够帮助学校把“视像中国”计划很好地开展起来。那个时候我对这个项目也比较感兴趣，因为是第一次听说，马校长把原来的基本情况给我介绍了一下，后来我和信息技术教研员(贾老师)商量了一下，从设备的角度我们会提供给学校一些资金上的帮助，技术上如果我们参与进来，就能够更好地把这个平台使用起来，所以那个时候我觉得这个想法蛮好的。我们江东区地域范围比较小，校与校之间的距离都很近，学校数量也不多，所以区域内远程交流的方式以前我们基本上没有做过。

我们(电教站)参与的“视像中国”活动主要还是设施、设备的保障，技术的支持。我们给下面的学校部署了两套 MCU 服务器，提供了一些基本的设备，像摄像机、话筒这些。我认为应该给他们提供支持，教育局的领导也很重视。从我们的角度做的也不多，但都是他们很需要的。另外我们还提供了人员上的支持，我们网络中心有个陈老师专门为“视像中国”活动的开展提供技术上的支持和人员的培训。一开始大家都处于摸索阶段，陈老师参与到里面以后，他能提炼一些经验出来(包括设备怎么布啊，环境怎么调试等)，给学校做一些人员上的培训提升。

当初实际上遇到的困难还是来源于学校。从我们的角度，活动开展参与的度不够，以学校自行组织为主。一开始学校里面遇到的困难就是：原来 MCU 和网络没有部署完成之前，往往他们活动准备得很充分，但毕竟是一个类似于视频会议的系统，受网络影响还是有的，所以他们往往会发现，特别是跟香港、南海、深圳、上海交流的时候，延时现象比较严重。这个就给活动开展带来很多不便，学生们、学校老师准备得很充分，活动一开始网络就延时卡在那儿了，对整个活动开展影响比较大。因为当时借用的是香港的 MCU，要连到香港去。后来我们自己部署了两套 MCU，就把这个问题克服了。为了便于开展跟香港的活动，后来我们专门铺设了一条南海到宁波的专线，和香港开展交流活动时可以通过南海，然后南海跟香港也有专线，这样视频就会更加流畅。

现在“视像中国”已经发展成为我们江东区教育信息化的一个亮点。“视像中国”项目中虽然没有使用什么最先进的信息技术，但满足了各地学校交流的需求。我们在“视像中国”项目的探索中还把以前建设的微格教室充分应用起来，提高了微格教室的利用率。对于学校来说，不用搞一次活动就把设备准备一次，减轻了信息技术老师调试的工作。在以前"视像中国"的活动中我们信息技术管老师太辛苦了，要临时架设备，还要不断调试，而且如果中间出现了技术问题，不理解的话还要受抱怨。

我对梁锦松老师还是很佩服的，他年龄也大了，他到内地来，帮助我们马校长做了很多工作，香港人的工作热情和责任心很感染我们。所以我们做每一份工作，不在于设备多先进，而在于有没有这种热情，这个可能对我们后面参与进来的人是一个精神上的指引。

"视像中国"时代价值之思考

"视像中国"在众多有识之士的推动下，已成为中国基础教育领域极具影响力的开放教育实践，这一源自中国香港、情系中国，内地、辐射东南亚的开放教育实践形态早已超越网络实时互动的技术范畴，展现了跨地域、跨文化的现代教育文化思想、观念及实践传播的动人图景。

1. 初识"视像中国"

2012 年的"全国中小学数字校园学术研讨及新技术发展论坛"上，我们有幸邀请到上海七宝中学的陈圣日老师做主题报告，给与会者讲述"视像中国"及其发展，开始了我与"视像中国"的情缘，并逐渐成为"视像中国"的积极参与者、支持者和提倡者，原因有三：一是"视像中国"的组织者是一群具有公益情怀、具有追求卓越教育品质的实践者，每一次的活动从组织到内容都可以用"精致、精细、精品"来形容，他们是一群来自一线、谋求变革与发展的实践者；二是我了解"视像中国"不仅仅是通过人，还通过网络进行了解，通过搜索（曾经多次搜索过。用百度搜索"视像中国"，返回有 200 多万条记录），感受到了"视像中国"对孩子、对参与的学校、对传播新理念、对推动文化交流的深刻影响，感觉这是一个创新、务实、坚持、有效的舞台，是推动中国教育信息化实践进程深化发展的平台，是基础教育领域中国开放教育实践的引领者和推动者；三是源自于我这些年来在基础教育信息化领域的实践体会。一方面我们认识到教育信息化是教育现代化的支撑力量，对教育具有革命性影响，但同时，也深刻体会到信息技术对教育产生实际影响的进程缓慢（特别在面向主课堂、服务主课程方面），教师的教学理念、信息环境下教师的教学能力、教与学关系的重构、学生自主学习意识和自主学习能力的培养、教育系统的变革与发展，任何一项微观的教育信息化实践活动如果不放置于上述情景下来评价，会在实践中引发质疑、阻力，而技术的不适当、不合理应用更带来教育信息化实践进程的不同层次、不同角度的争议，教育信息化的客观实践进程较为缓慢，“破”和“立”的辩证关系在实践中还处于发展的初级阶段。另一方面，教育信息化对教育的推动既体现在微观教学上，更体现在宏观教学系统重构上，合理有效的推进信息化建设进程需要有大视野、大胸怀的实践队伍，需要有踏踏实实、扎根一线的实践情怀，在这一发展阶段中，更需要有创新性的实践力量来持续推动这一领域的发展，而“视像中国”正是聚集了这样一种创新实践力量的有效平台，这一平台源自香港，并辐射到新加坡、马来西亚等国家，具有了国际化视野、凝聚着广泛的领域实践和现代教育理念传播的力量。

正是基于这样的认识和感受，我们开始关注这一实践平台，依托北京师范大学教育技术学院丰富的学术资源和智力资源，支持、参与“视像中国”的活动，并以网络化在线课程为切入点，开发了“触摸信息技术前沿”网络课程，从规划、设计、开发、运行、优化、提升的视角，探讨服务于中小学生认知特点的在线网络课程构建的途径、方式及其应用形态，为多元、丰富的中小学网络课程开发积累实践经验，并积极参与“视像中国”的各类实践活动。

2.“视像中国”发展轨迹及其影响

基于“视像中国”的十年发展历程，回顾这一平台的发展轨迹，挖掘这一平台的发展内涵，以进一步阐释、弘扬这一项目的时代价值。

首先，“视像中国”起源于技术发展的驱动，并与技术发展同步进展，但同时，它没有局限于技术应用，而是持续追求技术所带动的教与学实践创新。如黄宝财教授所言，“我们愿意借助‘视像中国’这个平台，为中国的下一代做一些事情”；“伴随信息技术的发展，我们希望用新的技术让老师和学生有一种新的学习经验和学习经历”；“我是网络技术方面的专家，怎么能够利用互联网把教育带到那些比较落后的地方，因为他们那里难找好的老师，难找好的资源，难找好的课程，互联网可以把一些好的东西带给他们”；“‘视像中国’让香港的老师和学生能够真的面对面去认识和接触内地的学生和老师……对国家，国家的人、物、历史和文化有了较多的了解和交流”；“通过‘视像中国’构建‘人的网络’，是校长和老师们认识新朋友、结识新同行的网络，可以为参加的校长、老师和学生提供一种全新的、不一样的经验”。**从黄宝财教授的访谈中可以看出，“视像中国”所立意的是未来发展、是新的学习体验、是优质资源的辐射、是文化与观念的传播、是人际网络的形成。**又如梁锦松老师所言，“‘视像中国’的核心不是科技，而是应用、文化。技术的东西是死的，如何利用这个平台推动文化交流，才是最重要的。因此对‘视像中国’而言，文化是最重要的（也是最难的），人是最重要的”；“‘视像中国’可以开阔教师的眼界，看看人家是怎么想的，人家是怎么教学的，进而思考为什么人家会这么做，并感受别人不同的文化。以前学习别人的方法就是留学，现在不用了，通过网络就可以很方便地交流”；“‘视像中国’就是要让老师的‘脑筋’、老师的文化，尽快跟上全球化的发展，把全球的好东西放到老师眼前，了解别人的最新想法和做法”；“‘视像中国’简单来说就是‘交朋友’，了解他人的文化，了解他人的思想观点，这样才能提升人的素质，才能真正改变人”；“这个项目的实施对于香港和内地的学生是很有意义的，不同文化、不同环境、不同历史的学生相互交流”；“不论从什么角度看，再过五年，‘视像中国’所做的东西就会开始普及，五年之后通过网络的全球交流会变得非常普遍”。从梁锦松老师的访谈中可以看出，“视像中国”所关注的是全球化视野拓展、是教育观念传播、是立意技术应用前瞻性发展的时代引领。

其次，“视像中国”作为一个开放性的教育实践平台，始终将自身立于领域实践的前沿。2004 年，“视像中国”计划在香港起航，成为不同地区之间沟通交流的桥梁，起初，不同地区学校通过可视电话实现视音频互通，但受限于网络带宽，只能做一些简单的对话交流和两点间的教学活动，随着技术的不断发展以及互联网资源的不断丰富，活动内容渐渐丰富、活动形式渐渐多样，2008 年，“视像中国”在香港结题，荣获金奖，但前行的脚步没有停止，结题后“视像中国”成立香港远程教育学会，2011 年又在上海七宝中学设立“视像中国”远程教育发展中心，继续推动“视像中国”的发展。在上述发展进程中，“视像中国”从学生活动开始，从远程辩论赛、主题交流等活动逐步发展到远程“同上一堂课”；自 2009 年开始，又逐渐融入教师培训、校长论坛等活动；并于 2012 年开始实施远程课程交换，建立起跨地域的校本课程网络交换形态，至今共推出110余门课程；2013年开始探索网络化课程的建设，引入高校资源让学生体验数字化学习方式。“视像中国”始终走在信息技术推动下基础教育领域应用实践的最前沿，同中国基础教育领域的实践密切关联。这些发展进程是同实践密切关联的，并带给了参与者切实的感受，如宁波的一位老师所言，“早期的实践关注在学生活动，比如辩论赛、中秋、春节、六一的学生活动。现在教装中心许波接手以后，增加了特色课程方面的交流。认为平台不仅仅是为学生、为老师、为学校搭建一些活动的载体，从教研、交互的角度能不能做一些更多的交流，可以借助于‘视像中国’这个平台，看看上海、深圳、南海等地区在教研方面是怎样做的，香港的教育教学方式是怎样的，也可以做一些探讨，帮助我们老师找到一个更好的切入点。”到今天，如“视像中国”远程教育发展中心陈圣日老师所概括的，项目形成了远程课程、远程活动、文化交流三大内容板块，前瞻性的引领了中国基础教育领域教育信息化的应用实践。

再次，“视像中国”影响了一大批学生、教师、管理者、家长，产生了信息化时代先进教育观念与实践传播、深化的作用。通过“视像中国”，促进了香港同学对中国大陆文化的了解，加快学生对内地人文、风情的认识，如梁锦松老师所言，“学生在学校的学习是单向的，交流非常有限，‘视像中国’使香港一个学校的老师、学生可以和香港其他学校的师生交流，甚至可以和内地的学校交流，不仅仅是知识方面的，还有人文、环境、思想、情感方面的”。同时，项目更促进了内地学生的发展，培养了“中国年轻一代跨文化的交流能力”，“锻炼了学生的胆量、开拓了学生的视野”，通过“科技头脑风暴”等活动拓展了孩子们对现代科技的认识，“孩子们参加活动的经历，从老师全部准备好，到孩子自己准备”，提升了学生们自我学习、自我发展的能力。对教师而言，通过跨地域的教育教学实践交流，打开了教师的视野，推动教师教学观念的更新，激发动力，获得成长和发展。如通过学生活动的组织，内地教师感受到“成绩是次要的，学生的能力才是重要的”。又如内地教师通过和香港教师的交流，感受到“现场（观摩课）学习带来了自己课堂教学方法的改变，原来一直关注我们老师怎么讲，现在开始关注学生怎么学，更注重孩子学的是否有兴趣，是否投入，是否有效果”；香港教师通过和内地教师的交流感受到“通常来说要改变老师的看法，一定要有新的角度，老师如果能够从另外一个新的角度看事情，才会产生新的看法。所以，如果不请内地的同行做示范课，我们根本没有机会看到这种差异，发现原来还可以有别的方法来开展教学”。“视像中国”的交流让香港的教师有机会认识到每个地区都有自己不同的情况，对自己所处的环境有一个更全面的认识。“视像中国”打破了地域限制，为不同地域的教师和学生、学生和学生、教师和教师之间的互动提供了机会和平台，从而扩大了师生学习与交流的范围。学习是一个社会化过程，也是一个社会构建过程，在这个过程中，教师和学生在一个有组织的、跨地域的、跨文化的学习环境中互动，从而使学习成为可能，对于师生而言，扩大范围的学习和交流可以接触到更多的新鲜事物，有利于教师的专业发展及学生学习能力的培养和综合素质的提高，如宁波的一位校长所言，“到后来我们和重庆、香港、广东的学校一起搞活动，每个老师都要发言，到后来也很会讲了，真的很会讲了。还有一个我感觉收获比较大的，就是和学生一样，我们老师同样收获了很多的自信”；“我们的老师在市里、区里得了很多奖，获奖的比例非常高，获奖的层次也比较高，在这些成绩中，就有一部分得益于‘视像中国’平常的训练”。“视像中国”利用网络技术与丰富的网络资源改变了传统的教学方式，对于学生而言，课堂正在向课下和校外延伸，学生可以利用网络进行学习，体验网络化的学习方式，提高自主学习能力，同时还可以丰富自身的知识储备，拓展视野，对于教师而言，课堂不再局限于书本，教师可以将网络引入课堂，丰富教学形式。“视像中国”也促进了学校的发展，“视像中国”生长于跨文化、跨区域的土壤中，不同地区学校之间的交流跨越了学校的围墙，各校之间资源对等，相互取长补短、深度交流，这些资源的共享和学校之间的交流，丰富了学校资源的内涵，并通过共享实现了资源价值的最大化，提升了学校整体的文化氛围，促进学校完善课程体系建设，常态化的推进区域和国际间的交流，成为学校国际教育的窗口，为校长们开展学校管理打开了新的渠道，正如一位校长所言“认识了一些校长，通过交流向他们学习如何管理学校，学习如何去争取更多的发展资源，这都是一些自己在学校里学不到的东西”。总之，在低投入的情况下，学生、校长、教师和管理者都有一个很好的开阔视野的机会，“视像中国”对学生来说，开阔了视野，通过视像给学生一个比较大的视界，对教师和校长来说，是一个专业发展和教学思想相互碰撞的过程。

最后，“视像中国”影响了我国基础教育领域信息化实践的进程，特别是理念推动下的体制、机制重塑过程，这是当前国家教育信息化推进体制机制的迫切诉求。以宁波江东区为例，早期的活动是由个体学校自发参与的，“视像中国”联络处在太古小学，逐步过渡到多所学校的参与，且这些学校是薄弱学校，在这一过程中，带动了电教部门的参与、服务，一定程度上解决了电教部门的困惑，如电教站董站长所言“我们网络教研很难搞起，因为区域太小了，觉得用网络来做还不如面对面的，没有那个需求”；“教育信息化可能我们装备部门或者其他教育主管部门来做大局，就觉得把基础设施弄好，把网络环境搭好，然后要上什么技术支持平台等，前几年的教育信息化没有看到一个应用点”；“为什么我们现在学校里面(信息化)好像做不起来？学生、家长没有真正体会到信息化的效果。而‘视像中国’这个平台在技术上也没有那么先进的，就是一个视频会议系统，而且这个系统也不是最好的。但学校、各地为什么能把它用的这么好？因为学校有需求。学校觉得这个东西(视频会议系统)能基本满足其开展活动的需求，还是从需求出发”。“2007—2009 年这个阶段是由民间向教育局参与的、松散型、非官方的转型阶段”，2009 年，伴随宁波江东区“江东教育论坛”及“视像中国”2009 年度会议的召开，“视像中国”开始在江东区教育系统产生更大范围的影响，逐渐受到了行政领导的重视，成立教装中心，并设定专人负责“视像中国”在江东区的开展。“视像中国”能够在江东一直持续开展，董站长认为“江东区跟其他区域相比，各方力量整合得比较好，我们把这个项目的组织放在教装中心(包含了教研、培训、科研、电教和装备几大块)。从‘视像中国’整个项目来看，它是一个信息化的项目，从机构的角度来看，有些地方是放在电教馆或信息中心来做这个事情，因为这本身是通过网络开展交流的一个活动；也可以通过教师培训部门来做这个事情；还可以通过某一个学校来组织。而在我们江东，这几块力量都是整合在一起的。像这样各方力量整合在一起有什么好处呢？就是我们的每一次活动，在技术上，在业务上，都是可以得到各方面力量的支持。因为我们通过教装中心这个机构整合了，所以下边也能够很好地融合在一起”。这是“视像中国”对区域性教育信息化深化发展在体制、机制推动作用上的具体体现，通过技术、教研、师训、科研等力量的整合，共同推动、牵引教师的专业发展，共同服务于信息化环境下的教与学创新实践。

3.“视像中国”所折射的时代价值

我们所处的时代是一个教育系统正全面变革的时代，如《技术时代重新思考教育》作者所言，现有教育系统是从农业社会向工业社会迈进的过程中建立起来的，这一系统带有向学生传递知识的基本特征，培养为工业生产所需要的大量合格劳动者。当前，人类社会进入了信息时代，“知识型社会”的特征日益明显，迫切需要一种新型的教学系统，即从知识传递向能力培养方面的发展，培养学生高级的认知能力，无疑，信息技术既是这一变革的“因”，更是这一变革进程的工具。但从实践进程来看，这一进程伴随着碰撞、喜悦、争议、阵痛，教与学的实践创新之路尤为漫长，教学观念的更新尤为复杂，是一项系统性的社会变革，任何个体元素的发展都难以带来“化蛹成蝶”的力量，因此，需要实实在在、脚踏实地的前进力量。

开放教育资源运动是推动上述进程发展的强大动力。自 2001 年 MIT OCW 启动以来，全世界范围内掀起了开放教育发展的浪潮，从而推动了互联网深刻影响教育发展的时代进程。整体来看，开放教育运动已经经历了三个阶段：第一阶段，以 MIT OCW 为表征，从 2001 年至现在，MIT 在互联网上共开放了 2200 门课程资源，免费让任何人从任何地点通过网络取用，这些网络资源大都以教案、演讲笔记、考试题、课后作业等形式提供；第二阶段，以苹果 iTunes U 为表征，2007 年，苹果公司在 Apple Store 上发布了 iTunes U，以 iTunes U 格式把大学课程开放出来免费供用户下载，包括美国、英国、德国、澳大利亚、加拿大等国家一流大学在内的 1200 多所大学课程，以视频、音频等形式提供内容免费分发服务，iTunes U 初步展现了教育过程的动态性特征；第三个阶段，即当前的 MOOCs(Massive Open Online Course)运动，以 Coursera、Udacity 和 edX 三家为代表的 MOOCs 平台及其应用表现掀起了开放教育运动的新高潮，不同于 MIT OCW，MOOCs 更注重教学互动，体现了向学习者为中心的转移，具有相对完整的课程结构，是一种动态生成式的课程。目前，MOOCs 对教育领域正产生深刻的影响。开放教育资源运动展示了互联网对教育创新与变革的强大驱动力，推动了教与学创新实践的传播，展示了以学习者为中心的学习环境生成与发展的现实前景，对全球教育信息化建设进程具有深刻的影响。开放教育资源运动让我们看到了互联网的变革力量，看到了新型教育系统正日益来临的实践进程。

纵观“视像中国”的发展历程，它是这一时代大潮中开放教育的实践者，扎根中国基础教育、推动教育创新实践，为现代教育思想和观念的传播、推动教与学方式的创新做出了实实在在的成绩，通过跨学校、跨区域的教育实践活动，推动了开放教育观念的生成和发展，带动了创新实践力量体制内外的贯通。就当下的中国教育信息化实践来看，教育信息化建设已经取得了长足的发展，但另一方面，信息技术对教育教学的影响和作用还没有得到充分发挥，迫切需要推动信息技术与教育教学深度融合的实践，因此，现代教育思想和观念的传播、优秀的创新实践案例的扩散等就显得弥足珍贵。“视像中国”就是这样一种背景下的教育实践平台，是中国基础教育领域开放教育的坚定实践者，通过网络环境进行创新的教育实践。“视像中国”的发展得益于网络技术的进步，但显然，技术仅是支撑计划发展的基础，真正支持项目一路发展至今的是参与在其中的各类人群——组织者、策划者、参与者，他们中有市区级的教育领导、校长、教师、学生，大家能够坚持至今是因为“视像中国”为学校教育打开了一扇窗，向人们呈现了一番新的景象——“跨越学校围墙的教育”，这一群体将成为推动中国教育实践变革的“火种”。最重要的是，参与到“视像中国”计划中的人们有了共同的追求，是大家的共同努力促成了“视像中国”的不断发展和壮大，同时也让“视像中国”焕发出耀眼的时代价值。

期待“视像中国”更精彩！

（北京师范大学　李玉顺）

第二章　跨越围墙之后的学校发展

在这里，你会看到农村学校怎样走出自己的特色办学之路；

在这里，你会发现异地学校之间的课程可以如此常态地交换共享；

在这里，你还会看到校长们如何打开思想的另一扇窗；

“视像中国”远程教育项目根植于学校，却引领学校突破局限，促成了一个庞大的、流动的教育资源库。每个学校在资源库中既是提供者又是享有者，相互取长补短互通有无，真正地丰富学校校本课程，推动学校特色发展……

本章由来自于香港、佛山、上海、井冈山、重庆、宁波等地学校的八位校长和北京师范大学教育学部李玉顺博士，从他们的视角谈参与“视像中国”项目对学校发展的推动作用，阐述由项目带动的跨区域、跨文化的交流对校长学校管理理念、方法和策略的提升。

远程教育缩小教育数字鸿沟

“数字鸿沟”又称为信息鸿沟，即“信息富有者和信息贫困者之间的鸿沟”。数字鸿沟体现了当代信息技术领域中存在的差距现象。这种差距，既存在于信息技术的开发领域，也存在于信息技术的应用领域，特别是由网络技术产生的差距。数字鸿沟现象存在于国与国、地区与地区、产业与产业、社会阶层与社会阶层之间，已经渗透到人们的经济、政治和社会生活当中，成为在信息时代突现出来的社会问题。研究资料表明，数字鸿沟造成的差别正在成为中国继城乡差别、工农差别、脑体差别“三大差别”之后的“第四大差别”，其本身已不仅仅是一个技术问题，而正在成为一个社会问题。

“视像中国”远程教育项目组织各地学校以远程实时互动的形式开展教学交流活动、专题学习活动及文化交流活动，推行跨区域协作学习、异地教育交流与新型学习方式的推广和变革，旨在推进教育资源的共建共享，缩小数字鸿沟。

1. 有朋自“远方”来

参加“视像中国”远程教育项目的学校，有的来自新加坡、马来西亚等国家，有的来自中国香港地区，有的来自中国内地经济发达地区，有的来自西部欠发达地区，以后还会有更多的国家和地区参与进来。教师们身处不同地区，有着不同的文化背景、不同的知识水平，经历着不同的教育方式。特别是教育发达地区和欠发达地区教师间的知识面、视野、接受能力和水平、教育理念、教育方式、信息技术的使用等方面存在着严重的差别，即存在着教育数字鸿沟。“视像中国”项目让不同国家、不同地区、不同规模学校的教师们相识，成为朋友，成为了教学上的亲密伙伴。他们的交流，促进了先进教育理念的渗透、理解，促进了先进教育方式的学习、运用，促进了教师的专业发展、素质的全面提升，还促进了教师间的文化交流、开阔了视野。可以说“视像中国”在缩小教育数字鸿沟中起到了桥梁纽带作用。

2. 共话“巴山夜雨”时

“视像中国”远程教育项目的开展，能有效缩小不同人群之间所谓的“数字鸿沟”，能有效地逐步缩小城乡教师、东西部地区、香港与内陆地区、国内外地区教师的数字鸿沟。在项目活动中，一是通过与香港的“在线教学研讨活动”，让内陆地区的教师了解香港教育的模式和教育方法，学习其先进的教育理念，学习他们的敬业精神；通过东西部地区学校教师的“在线研讨”，让西部地区的教师感受东部发达地区学校的教育成果，学习他们的先进经验并应用于自己的教育教学中。当然这得靠项目组织者通过调研了解不同地区教师间存在的差距、提升能力素质中存在的突出问题，得靠西部项目学校教师的主动学习和发达地区教师的教育公益行动。二是开展“在线拓展课程交流活动”。这样的活动，不仅仅让不同地区的孩子经历学习、实践、提升的过程，也让我们的授课老师们有了一个展示自我、表现自我、提升自我的平台，还让现场观摩和参与的教师特别是西部地区的老师们有了一个难得的学习提升的机会，有了一次卓有成效的观摩学习活动。目前项目开展的埠际网上实时辩论赛，让老师们从活动的参与中开阔了视野、提升了辅导能力、增进了项目学校的联系。三是开展“微视频教育资源交流”活动。通过微视频交流平台的搭建，吸纳优质师资，汇集优质教育资源；通过老师们制作的微视频，让学生也能享受到优质教育资源；通过运用微视频资源，也把老师从更多的劳动中解放出来，投入更多的精力参与管理和进行教学研讨、教学反思。在交流平台上，来自不同地区、不同学校的老师可以灵活选择优质教学的视频资源；在这里，不仅可以观看不同区域、不同文化背景的作品，可以通过平台的数据管理功能享有数据分析的结果，也可以借用平台各项功能，为日常教育教学活动提供服务支持。正是“视像中国”项目的实施，让项目学校的老师们有了一个合作交流的平台，迈出了有效缩小“数字鸿沟”的一大步。

3.“落霞”与“孤鹜”齐飞

教师是学生学习的指导者、组织者、学习活动的实施者。只有教师的成长才能带动学生的创新发展。“视像中国”远程教育项目的开展，有效地开阔了项目学校师生们的视野；有效地促进了师生更自信、更主动学习的意识和动力的形成；有效地提升了学生的综合素质，让学生敢于表现自己；有效地让学生适应新形势下的学习方式，提升学习效率；有效地促进师生之间、生生之间、师师之间、校校之间的共同发展。特别是项目在西部地区学校的实施，让香港和内地沿海发达地区的优质教育资源走进他们身边，带来的是教育教学思想和教育理念的变化、教学模式的变化、教育方法的改变，带给学生无可估量的影响和收获。项目的有效实施，有力地提升了不同地区、不同学校教师的专业水平，有力地提升了整体教育水平；项目的实施还在一定程度上加大了对欠发达地区的教育帮扶力度，为教育的均衡发展和培养适应新形势发展、适应新型学习方式的人才，全面提升国民素质，缩小数字鸿沟迈出了可喜的一步。这也正体现了香港优质教育基金会的资助和项目开展的真正目的。

4. 路漫漫其修远兮

纵观目前“视像中国”远程教育项目的开展情况，虽然取得了一些成绩，但在实施过程中也遇到一些困难。一是项目工作的影响面还不太广，少部分项目学校认识和重视程度还不够，认为这是非主流。二是参与的学校还不是很多，有效性还需要提升，长效性还需要坚持。三是与义教课程的整合力度还不够。四是在线教学研讨活动还不够，优质资源的共享与运用还需强化。以后的工作中，一是应强化宣传，寻求政府、教育主管部门的政策支撑，寻求社会经济力量支撑，在基金会和教育学会的指导下，形成长效机制。二是建立科研团队，指导项目工作的实施，特别针对怎样缩小香港与内地、教育发达地区与欠发达地区教师的知识鸿沟和教育鸿沟，开展丰富多彩的研讨活动、学习观摩活动、培训活动。三是吸引西部地区学校更多地参与进来，享受优质资源，开阔师生视野，适应新型学习方式。四是加大对贫困地区和教育欠发达地区的信息技术设备设施的支持力度，采取一对一或基金会投入的形式，加大对这些地区的教育帮扶力度。五是必须与义教课程相结合，依托义教课程的开发，有效开发项目课程。总之，缩小教育数字鸿沟是一项复杂的工程，不是能在短期内得到根本解决的问题，这也就说明它是一项长期工程。愿有识之士携手求索，一路前行，再创辉煌。

（重庆市垫江县永平学校　吴云）

远程教育促进校长专业发展

本校是香港首批推动远程教育的中学，在创校校长区月晶女士的领导下，本校成为了香港远程教育的先头部队。在学校行政规划上，我们把这个项目拨归“全方位学习组”管理，希望为同学带来更多元的学习体验。在推动项目发展的过程中，学校的管理者也大有裨益，以下本人尝试总结我校经验，从三个方面略作说明。

1. 建立专业网络

自黄宝财教授在优质教育基金支持下策划“视像中国”计划开始，本人即参与筹备成立香港远程教育学会。学会的架构分为督导委员会和执行委员会，前者由黄教授领导，委员为香港十多间中小学校长。本人则忝任执委会主席兼会长，执委多为中小学副校长和教师。从学会的背景可见，一批志同道合的校长、老师因推动远程教育而联系在一起。

后来，时任马来西亚沙巴崇正中学校长的曾桂安先生到本校探访，对这个计划大感兴趣，回国后实时开展当地的远程教育工作，本校也因而与崇正中学展开了长久的合作关系。随着各项远程教学活动的开展，我们先后结识了上海七宝中学仇忠海校长、上海回民中学乐霆校长、深圳市新安中学高妙添校长、深圳市文汇中学田介成校长等教育界有心人。有了视像活动的协作基础，彼此就逐步扩大交流的层面，安排老师和学生互访考察，作为教师的专业发展和学生的游学考察活动。

“视像中国”计划搭建的平台成功把各地的教育家联系在一起，这对于开拓教育思维、汲取先进经验、组织学生活动等都有莫大的裨益。

2. 拓展课程资源

为了丰富学生的学习体验，我校经常申请不同的基金拨款来支持学生的学习活动。参与了视像活动以后，我们就意识到这是一个新的课程资源。于是在日常课程以外，我们又安排了一些远程教育课程，例如与深圳文汇中学合办中乐课，由该校教师指导我校中乐团同学学习琵琶；也有国民教育课程，由上海七宝中学的老师讲授当时国家主席胡锦涛提出的荣辱观；我校学生也示范家政课，让新加坡南华学校的同学认识香港端午节的习俗。

如今在七宝中学陈圣日老师的推动之下，远程教育课程已经百花齐放，在国内多个省市有系统地建立起来，这类课程的开展，大大有利于各地域城市之间的教育交流，让不同的学校可以取长补短，利用他校的师资优势、课程优势来丰富自己的课程，让不同水平的学生各取所需，实现跨越地理限制的无疆界学习。

3. 开展师资培训

作为校长，其中一个重要任务是为校内教师提供足够的机会来发展他们的专业，也要鼓励同事多向他校同行观摩取经，开阔视野。恒常的做法是组织教师到友校交流观课，有了远程教育的经验以后，我们就尝试把师资培训纳入其中。例如先后与深圳市宝安区教育科学研究培训中心合作，开展"深港语文教学示范课"和"深港音乐教学示范课"，邀请深圳的老师到本校授课，深圳方面则组织教师专家通过视像观课，课后由两地的教师一起评课，促进教学法交流。我们也邀请过国际赏识教育学会的吴泓老师为本校老师和家长主持赏识教育讲座。

2014年，我们参加了香港大学教育学院的"一课两讲"计划，通过远程视像系统直播教学过程，加强内地和本港教师的交流切磋。

4. 总结

"视像中国"计划走过了光辉的十年，在全国各地凝聚了大批有志于远程教育的同行，大家朝着公益项目、自发承办、自主创新的道路迈进。在这个过程中，从校长、教师到家长、学生，都开阔了视野，得到不同程度的启迪。校长作为学校的领导者，更应从学校的整体发展规划来为远程教育定位，让学校的各个参与者都能获得最大的益处。

（香港仁济医院王华湘中学　邱少雄）

跨区域交流带动校长观念变革

十年，对于"视像中国"远程教育项目的创办者和参与者来说，已经不纯粹是一个时间堆积起来的概念，而是在现代技术架接的时空隧道中上演了一场思想、观念、智慧、文化穿梭的盛大宴会。

南海一中于2008年开始加入到"视像中国"远程教育项目，从第一次远程视频辩论赛时的仓促"应战"及学生在视频镜头前的生涩表现，到今天面对高效率的赛制已经能从容应对并能灵活地开展多元化远程教育项目，这是一个跨越，而对于学生、教师、校长乃至整个学校来说，都是一次不同层面的发展。

正如马云所说："从创业的第一天起，你每天要面对的是困难和失败，而不是成功。"在参与"视像中国"远程教育项目之初，就校长这一个角色而言，尤其如此。在"视像中国"远程教育项目的开展中，我们首先遇到的就是除了项目本身内容之外的困难，比如实施的环境、设施及配套服务、甚至是观念的变革。

应该说，"视像中国"远程教育项目给校长发展带来的最重要意义之一，是观念的变革。因为如前所述实施的环境、设施及配套服务等问题在我们这些项目学校里，只要合理地统筹并调配一下人力和物力资源就可以比较快地解决了，而观念的变革却是深层次的。

在与香港和上海两地的项目资源交流与合作的过程中，我们尽量以开放的态度分析并融合三地教育观念，这也促进了我们对人文教育观念的进一步理解。

得益于南海知识产权教育项目和"视像中国"远程教育项目的开展，使我有机会以"公差"的身份到香港，和香港教育界等领域的工作人员有所接触。我们参与知识产权教育项目的时间要比参与"视像中国"的时间早，我还深深地记得，2005年我们到香港知识产权署交流时，有不少香港职员对大陆的印象还停留在"很落后"的认识中，而对中国文化的了解也存在比较多的缺失和偏差。但到2008年我们在"视像中国"的合作中却发现，很多香港人的观念和认识已经发生了非常大的变化。也许这与香港那几年整个社会的文化环境的变化有关，但无可否认的是，由于"视像中国"带来的沟通交流更进一步加强了他们对中华文化的认识和认同。

正如我一样，如果不是"视像中国"，我对香港和香港人的认识可能在很长的时间里都会停留在"2005年印象"中。

有一次和香港姊妹校的老师谈起中国很多文化名人都在香港工作居住过。谈话当时我对此只知道大概，但却知之不多，顿时觉得自己浅陋了，觉得自己应该好好学习。在后来的学习中，我看到了龙应台对港大毕业生的演讲稿，短短一篇演讲稿充满了独到的人文教育思想，让我受益良多。龙应台认为，在港大，"许地山的办公室门口，陈寅恪的研究室前，被拆掉的张爱玲曾经住过的宿舍遗址，朱光潜曾经流连忘返的校园山径，孙中山和萧伯纳曾经演讲的陆佑堂……每一个蕴含人文意义的点，都可以竖一个小小的牌子，透过历史告诉我们一代又一代不断‘提着皮箱’到达校园的19岁的青年：大学，是一个人文精神的泉源。所有的科学、技术、经济或商业管理的发明，都必须以‘人’为它的根本关照。离开了人文，一个大学，不是大学，只是技术补习班而已……把一个断掉了的人文传统，重新焊接，重新出发……那么给予时日，或许将来的港大，会栽培出新一代的张爱玲、朱光潜、陈寅恪。不是偶尔南来或者不小心‘卡’在香港的文学家、史学家、美学家，而是香港自己土壤里长出来的才气焕发的人。这，是我所想象的香港大学的责任。”

上面这段话，确实对我触动很大，我反复思考：我们培养学生的目的是什么？我们要培养怎么样的学生？我们用什么样的方法去培养学生？我们能给学生什么？“视像中国”可以给我们带来什么？我们如何让这一项目的区域优质资源得到更好的分享和利用？如何在这一项目的推动下进一步促进学生多元化发展？

这种观念上的变革有些是从与项目学校的交流中获取的，而有些却是因了这样的“结对子”促使我们更多地去了解无论是香港还是上海抑或是其他合作区域的过去、现在以至于将来的发展前景，这些无疑都可以对校长的思想观念产生不止一次的头脑风暴，也许我们需要的就是这种基于现实基础上的碰撞所产生的火花。

也许直到目前能直接地真正地参与“视像中国”活动的只有一部分老师和学生，但是它的意义不只在于这部分师生，它对其他师生的成长和发展有强大的辐射功能，它对校长的观念所产生的激荡是持续性的，继而对学校的发展所产生的影响也应该是全面的。

2008年我被派到上海七宝中学进行校长挂职培训一个月，当年也是我们参加“视像中国”远程教育项目的起步阶段，在七宝中学，我看到他们开设了丰富的校本课程，跟着学生听了不少人文科技讲座，也观摩了他们的读书报告会，还了解了多姿多彩的校园文化活动和社会实践活动。最记得当时仇校长面对“你们的高考重点率是多少”的提问时说的一句话：“我们的重点率是89％还是80％意义已经不大了，最重要的是我们要根据学生的多样化发展去培养人才。”

我在一次校长培训中，听到对校长发展定位的一些观点，我把它整理为：“校长要进得了课堂，讲得出名堂；校长要管得了学校，领得了老师。”仔细想一想，如果没有了学习的欲望和行动、没有了观念变革和勇于突破的勇气、没有了与其他区域优质资源的交流与分享、没有了真正参与教育实践的点点滴滴，那么，校长的发展之源也就枯竭了。

从2012年始，在“视像中国”项目组的推动和参与项目学校的共同努力下，区域优质资源的共享和运用有了更进一步的发展。我校也先后开展了与重庆、温州等地的项目交流，效果良好。2013年我们在与无锡的几位校长交流时，也曾就区域资源共享的问题探讨过，也许借助“视像中国”我们可以把区域优质资源共享更好地拓展开来，一起创造教育的春天，共享百花齐放的盛景。

（广东省佛山市南海第一中学　黎红梅）

跨区域资源整合提升校长课程领导力

教育手段的创新、教育资源的开拓、教育内容的变革，推动着教育的快速发展，推动着学校的课程改革，学校拥有了更多的课程自主权，这对校长课程领导力提出了更高、更新的要求，校长作为课程改革的领导者，应该聚焦课程改革，不断提升自身的课程领导力。自参与“视像中国”项目以来，本人引领学校团队积极参与跨区域项目活动，通过整合区域项目优质资源，开发有生命力的校本课程，大大提升了学校课程的影响力和辐射面。

1. 开阔视野，加深课程的理解力

校长课程领导力主要是指校长引领教师团队在充分理解新课程理念后，根据国家课程方案和学校自身的发展方向，合理地把国家课程、地方课程和校本课程有机结合起来，建设具有生命力的课程体系，从而全面提升教育教学质量，彰显学校特色，形成教育品牌的能力。

对课程的理解能力决定着课程实施的方向和效果，校长肩负着引领教师团队实施新课程改革、完成课程改革目标的重任，必然要走在课改的前沿。由于认识、措施、模式等都是在实施中逐步完善和发展的，不可能具备一次性就成熟的设定模式。因此，校长一定要加强学习交流，积极开阔自己的视野，对课程进行系统思考、整体把握，不断完善对新课程的理解力，使新课程理念贯穿于学校的整体发展。

“视像中国”平台上，各项目学校可以轻松而高效地实现音频、视频、数据、应用等各种信息的多方交互，以网络时代最先进的沟通方式满足学校对于远程教学、远程培训、协同工作等跨空间交流协作的需求。项目平台为我提供了一个不受时间、空间限制的网络学习环境，使我有更充分的时间就不同的主题对项目姊妹学校进行深入的学习、了解。如“校本课程设置”这一主题，我就可以通过远程活动和姊妹学校进行专题研讨，或者登录项目平台链接相关的学校进行了解。通过项目平台提供的资源，我轻松地了解到项目学校都构建了以课堂为主阵地、以课本为基点全面开放的课程格局，开设了“书法艺术”“经典诵读”“小小导游员”“剪纸艺术”“走近茶文化”等校本课程，开展了富有实效的综合性学习，这些课程因植根于学校的办学方向和学生浓厚的兴趣而具有强大的生命力；有的学校构建了“阳光心态”“阳光才艺”“阳光内涵”“文明素养”“感恩教育”等校本课程，旨在提高全体学生的心理素质和人文素养，充分开发潜能，培养学生乐观向上的心理品质，促进学生人格的健全发展；有的学校特色才艺课程以社团活动形式展现，内容涵盖艺术、语言、思维、健康等领域，每年举办春季艺术节、夏季读书节、秋季体育节、冬季科技节，为学生搭建展现才艺的舞台，触发全体学生内心的梦想，播下梦想的种子。这些学校的校长根据自己学校的文化积淀，围绕学生的成长需要，渗透自己的办学理想和教育理念，创造性地执行国家课程、开发校本课程，形成富有生命力的学校课程体系。他们先进的办学理念、校本化的课程设置、丰硕的办学成果让我深受启发，项目学校提供的优质课程实例为我校的校本课程开发提供了很好的借鉴。

2. 校本培训，提升课程的执行力

新课程改革呼唤个性化的教学，教师课程的执行力，是考核校长课程领导力的重要标准，课程实施不是学校和教师简单执行课程方案的过程，而是一个统一理念、理解标准、互动调适、主动创新的过程。教师是课程实施的关键因素，因此，校长要通过校本培训努力提升教师课程执行力。

我们积极为老师搭建专业成长的平台，通过借助外力有效引领，邀请区镇教研员到校深入课堂把脉，对各个学科进行有效课堂的探索研究，专家们面对面指导老师的课堂教学，使老师们直面教学存在的问题。我们还加大自身造血功能，组织教师参加各级举办的观课活动，让教师们多接触新的教学理念，外出学习的老师回来在科组内进行交流分享，达到辐射的作用。参与“视像中国”项目后，我们凭借项目平台提供的优质资源，定期组织各学科老师选择项目内的优质课例资源作为研究实例，不断拓宽老师们的视野，激发他们认知的共鸣。我们发挥同伴互助作用，实行“以点带面示范，分层推进探索”的教研策略，先让骨干教师发挥辐射作用，通过举办骨干教师教学研讨周，确定教研主题让骨干教师上示范课，带头探讨教育、教学上的难点、热点问题，从而引领全体教师实施有效教学研究；接着各科组开展“磨课”式教学研究，同级老师相互定教案，一人先上，后在科组内进行评课，采用“反刍式备课”形式，经过反复的实践、思考、改进，让教学过程更有效，这种磨课提高了教师对教材的驾驭能力及对课堂的调控能力。

为了能进一步推进有效教学研究，我们深挖教研资源，邀请项目学校的老师和我们就某一个专题一起研讨，开展案例研究。我们与香港的小学生共上英语阅读课，在课堂上，学生在外教的指引下，通过制作圣诞卡、写信等方式学习英语，学生趣味盎然；我们和香港的老师一起进行普通话阅读课教学研讨，我校老师在音乐的渲染下，深情讲述的故事《爱心树》感染了网络两端的每一个同学，引发了积极的回应，有的同学还因感动而流下了眼泪，超出了预设的效果；我们也向香港的小朋友展示了中队活动的情况，队员们与香港的小朋友们一起通过网络实时制作国旗、唱国歌、进行知识竞赛，在活动中共同接受爱国主义教育。通过这些互动式研讨，给我校老师带来很多新的教学设计思路，项目学校老师那富有创意的高效的课堂教学，让我校老师受益匪浅。

通过探索、实践，我们认为针对老师们在教育实践中所遇到的问题，及时将这些问题提炼为校本培训的主题，通过主题教研、案例研究等多种形式组织教师进行实践研讨，指导教师改进和完善教学策略技能，直接有效地帮助教师提高课堂教学实施能力，是提升课程执行力最为有效的途径。

3. 整合资源，焕发课程的生命力

《国家中长期教育改革发展规划纲要(2010—2020)》指出，“学校要创造条件开设丰富多彩的校本课程，为学生提供更多的选择，促进学生全面而有个性的发展”。只有适合学校发展、促进学生全面发展、激发学生参与兴趣的课程才是有生命力的校本课程。我校积极整合“视像中国”平台资源，结合地方特

色、学校发展和学生现实需求，致力于校本课程的开发与实施，为学生的个性发展搭建舞台，同时也通过校本课程的实施展示学校的教育个性，提升学校的文化内涵，真正实现让课程文化引领学校特色发展。

我们积极为学生的个性发展搭建平台，根据学校的发展需求，开设了足球、古筝、剪纸、三模(航海模型、车辆模型、建筑模型)等特色课程。根据学生的兴趣爱好，我校凭借“视像中国”项目开展的远程活动，开发了中文辩论、英语故事、中文故事等活动课程，凭借“视像中国”这个窗口让全体师生有了更多展示自我、锻炼自我的机会。以辩论校本课程为例，学校精选具备高强课程实施力的老师，每周常态化地为四到六年级有兴趣的同学开设辩论校本课程，进行辩论比赛基本功的训练，训练时也可利用项目资源平台，组织学生登录项目网站观看比赛的录像，熟悉比赛的过程，感受比赛的气氛，了解对手的习惯。同学们观看录像后，组织他们评价两队有什么地方做得好，有什么地方可以改进，让同学们积累辩论的经验与技巧。常态训练表现突出的同学经过选拔可以进入学校辩论队参加比赛，学校辩论队同学接到比赛辩题后，分为正方、反方通过各种途径收集整理资料，进行辩论模拟训练；比赛时队员们有机地选择资料，反驳对方的漏洞；比赛后，队员们及时进行总结、反思，提升自己的辩论能力。经过多场比赛，辩论队同学的综合能力得到了提升。在老师的精心辅导下，辩论队的同学参加了第十二届“视像中国”校际网上实时辩论比赛，参赛师生同心协力，从六十多队参赛队伍中脱颖而出，荣获小学普通话组总冠军。

学校其他的特色课程也积极参加项目远程交流活动，如我校剪纸班的师生参加了上海闵行区端桥中心小学董新依老师主讲的剪纸课程，课程涵盖了走近剪纸、剪纸的表现形式和装裱、三角剪、四角剪、五角剪等内容，整个课程虽以剪纸基础知识为主，但内容很丰富，表现形式多样，深深地吸引了我校剪纸班的同学，让学生在锻炼手脑协调能力的同时，还受到了传统民间艺术美的熏陶！与我校的剪纸特色课程有效融合，拓宽了同学们的视野，激发了同学们学习剪纸的兴趣，让学校的特色课程焕发出了生命力。

“视像中国”远程活动的开展，拓宽了学校教育的时空，为我校师生创设了更为广阔的实践舞台，使我校的课程改革之路走得更宽、更远！

（广东省佛山市南海区大沥镇沙溪小学　郭丽华）

视像之桥促进特色农村学校发展

“视像中国”进入井冈山，犹如一盏灯，指引我校教育改革发展的方向，引导我校教育前行，在参与项目的一系列活动中，龙市小学不断提升自己的办学品质，以历史文化教育为亮点，逐步形成农村现代化特色学校。

1. 加入项目前学校的情况

三年前我校的教育还是沿袭着20世纪80年代的模式进行着，教师的教学还是停留在一支粉笔、一本课本、一块黑板的传统教育中，我校的教育教学改革没有切入点，学校办学没有合理的长远规划，教师教学缺乏信念、缺少激情、没有教育理想。学校现代化教学设备非常落后，两千多学生、一百多教师的学校只有一个多媒体教室、几台办公电脑、几台录音机，有80%的教师没有用过电脑，没有上过网。

2. 加入项目后学校的变化

通过三年项目活动的实施，充分学习借鉴了项目学校的成功经验，对学校办学进行了合理的长远规划，办学目标清晰，实现了网络班班通，为每个班级配备了投影等设备。使更多的教师有了自己的教育信念和理想，80%的教师能够熟练操作电脑进行日常教学，教师利用现代化教学手段进行教学信息处理的能力明显增强，涌现出一批有思想、有能力的教师。学校形成了特有的校园文化，成为井冈山一所特色学校，在吉安、团中央都有一定的影响。

3. 项目如何引导学校进行改革

“视像中国”的网络课堂，创设了新的教学环境，为教学改革带来了新的希望。“网络课堂”丰富的信息资源拓宽了教育的时空界限，调动了学生的学习积极性，网络课堂，让乡村的孩子不出家门，就可以聆听城市优秀老师的课堂，让乡村的孩子接受到专业老师的教育，让我们的老师更便捷地了解外面的学校和外面先进的教育。

首先，学校中层干部通过“视像中国”项目的桥梁，到上海、佛山、香港、重庆、北京学习，开阔了视野，更新了理念，拓展了思维，我们的范凤副校长、信息处的徐安老师、教务处钟湘维老师都迅速成长起来，这些老师在外出学习中找到了自己管理和教学中的标杆，有了自己的学习榜样，工作中能结合实际创新管理模式，提高管理效益，使我校电教管理工作受到吉安市电教馆的肯定、营养餐管理工作受到省营养办的肯定并在全省推广，少先队工作在全国受到表彰。

其次，学校老师通过“视像中国”项目的桥梁在结对学校跟班学习，先后有四批老师到上海康城学校、明强小学、七宝中学、上海外国语大学闵行实验学校跟班学习，让我们的老师实实在在的看清了什么是现代化的教育，老师不再简单为了生存而工作，工作是生活中的一部分，工作中能找到自己的成就感，自己的幸福感，老师对教学充满热情和期待，都在用心做事。在我校学生接受闵行实验学校的英语课程、波新城第一实验小学的心理课程、栎木小学的经典诗文诵读课程等活动中；在多地举行的英语、语文、心理健康等课程的教研活动、专家的数字化校园建设讲座活动中，我们收获颇丰。“视像中国”为我校的教学注入了新的思想，提升了老师网络学习的兴趣，形成了终身学习的理念。上海康城实验学校、上海航华一小对我校《小故事、大精神》网络课程建设的支持和指导，让我们的老师得以迅速成长。我校杨桃华老师在吉安市教师素养大赛中获一等奖。

最后，通过“视像中国”项目的桥梁让我们学校电教管理、维护有了借鉴和咨询的对象。2011年我们学校装备班班通多媒体教室，学校没有任何经验，没有维护的技术人员，通过“视像中国”的桥梁结识了上海七宝中学、明强小学和康城学校，借鉴他们的模式，派老师到这些学校进行培训，这些老师回到学校后再培训其他老师使用教学设备。有问题能够得到及时的解决，使我校在管理和教师培训上少走了许多弯路。在每年全市课件制作比赛中我们的老师获奖人次最多。

4. 形成特色学校

龙市小学多年来对学生进行良好的传统教育，也取得了良好的效果，但都没有形成学校办学的特色，通过网络课程《小故事，大精神》的建设，在教材的编写过程中老师对井冈山的历史有了重新的认识，学校从内容和形式两方面对井冈山历史文化进行了梳理，赋予其新的内涵，展现了一种新的教育模式。从此《小故事，大精神》课程成了我校五年级实实在在的校本课程，让每一个从龙市小学毕业的学生都能在这十堂课中对井冈山的历史有深刻的认识，让学生了解家乡的历史，成为学生一辈子的精神财富。网络课程的开设，让更多地区学校的师生能够了解井冈山的历史文化，这不仅体现了网络课程的优势，同时也展现了农村教师、农村学校的风采。学校以此为亮点，打造校园文化，形成学校特色，团中央少先队工作调研组对学校传统教育工作给予了充分肯定。

面对城市，农村的老师缺少自信。在“视像中国”平台上，双方的老师、学生都怀着平等的心态进行交流，没有地域空间的限制，农村与城市老师的交流在无形中化解了城乡的差距，让城乡的教育理念在无声中融合。“视像中国”改变了我们的老师，让我们的老师看清了农村教育的方向，找回作为一名乡村教师的自信，为我校的现代化教育造出了先行者。随着活动的增多，接受发达地区教育理念的老师也会越来越多。在“视像中国”的引领下，我校进行全面改革，从教育理念的转变、教师业务能力的培训，到教学设备的更新、管理，都吸收了发达学校的有效经验，让我们跳出了农村学校办学思维的圈子，以更高效的方式来发展我校教育，加快了农村学校发展的步伐，缩小了城乡教育的差距，促进教育均衡发展，为城乡协同发展创设了一条便捷的道路。

和“视像中国”的各项目学校在一起，井冈山龙市小学的教育发展将会走得更远、更强。

（井冈山龙市小学　谢礼传）

跨区域交流助力学校办学理念实现

1. 基于学校发展需求开展项目，与香港学校进行教育教学交流

我校创办于2007年9月，在创校校长彭庆甜女士的主持下，将办学的出发点和归宿定位于人的成长与发展，着眼于教育的终极目标，确定“幸福教育”理念。我们希望通过实施“幸福教育”让孩子们在教育中感受幸福、在幸福中获得教育，此为“幸福教育”的理想境界。我校实施的“幸福教育”以“为孩子的终身幸福奠基”为办学宗旨，以“罗实学子，学得优秀，学得快乐”为核心价值追求，将“不断进步”定义为“优秀”的标准，努力寻找学习成绩和幸福能力之间的坐标点。当时经过一年多“幸福教育”的实施，我们发现“幸福教育”实施的难点

不在于操作层面，而是老师观念的转变。由于我们的教育缺乏真正意义上对人的关注，使得“幸福教育”的实施更多是在形式上，因此我们需要打开一扇窗户、需要融入国际教育的理念，需要老师们吸纳民主、尊重学生、促进学生个性发展的观念。恰巧在这个时候，南海区教育局启动了“视像中国”远程教育项目，通过项目的开展与香港的学校进行结对交流，可以了解和借鉴香港的学校教育，促使我们的老师更快地转变观念。

2. 项目开展实施情况

我校于2009年底建成远程网络教室，2010年3月正式启动项目。四年多来，我校与香港圣文德天主教小学、香港东华三院王余家洁纪念小学结成姊妹学校开展了形式多样的交流活动近三十次，同时也与香港静心小学、香港浸会大学附属黄锦辉中小学、马来西亚吉隆坡坤成国民型华文小学二校、宁波江东区外国语实验小学、宁波江东区李惠利小学、上海七宝中学、重庆复兴中心校、重庆晏阳初级中学等学校进行了远程视像教学和文化交流活动。其中我校与香港东华三院王余家洁纪念小学成为稳定的姊妹学校，每个学期都开展数次交流活动。这些跨地域、跨文化的深度交流，不但使我们相互了解，更使我们停下脚步审视自身的长处和缺憾，给了我们思考的空间和灵感。带给我们的不仅仅是眼界的开阔，更难得的是给我们的观念、给我们的教学、给我们的学生都带来了积极的变化。下面以我校与香港东华三院王余家洁纪念小学的交流活动为例谈我校“视像中国”远程教育项目下姊妹学校结对模式的实施情况。

(1)开展聚焦于学习的教学交流

我校与香港东华三院王余家洁纪念小学进行了语文、数学、英语、科学等多个学科的教学交流，这种取长补短的教学交流令各方都受益匪浅。通过相互提供课例，课后评课交流，我们对香港学校课堂的民主、尊重、包容、欣赏、专注有了深刻的印象，他们简单、实用的课堂模式和课堂对学生学习的关注与聚焦令我们深受启发；而我们课堂中学生表现出来的训练有素、扎实的基础知识也令对方感叹。

①语文学科示范课系列观摩交流活动

香港东华三院王余家洁纪念小学非常希望了解我们语文学科的课堂教学，因此我们分别安排了何老师、邓老师、叶老师、苏老师执教不同课型，从识字教学、阅读教学、作文教学、朗读训练、语文综合性学习等方面向多方师生提供了可共同参与的研讨课例，通过多回合的观摩交流，使交流各方互相了解、共同进步。

②数学学科示范课系列观摩交流活动

我们学校提供梁老师、陈老师等老师执教的研讨课例供双方观摩研讨。如由我校陈老师执教的一节“倍数关系应用题复习”课例中，学生在倍数关系应用题的整理复习中表现出了对数理关系的清晰认识，条理分明的对算理进行表述；并且，学生在口述算理时熟练地运用尺子和笔帮助思维。在课后的评课交流时，香港东华三院王余家洁纪念小学对这两点非常感兴趣，围绕这两点双方进行了深入交流，我校老师详细介绍了我校数学学科在每个年级的数学课堂中坚持对学生进行口述算理训练的做法及效果。

数学远程交流第二回合由香港东华三院王余家洁纪念小学谢主任执教一节《不规则形状体积》课例供两所学校的数学老师进行远程视像教学交流。谢老师的课堂呈现出一种轻松、愉悦的氛围，老师和学生就像好朋友一样在操作、讨论、质疑中解决了不规则形状的体积问题。民主、尊重、包容、欣赏是贯穿于课堂的基调，而这正是目前内地基础教育改革所倡导的，作为教师，如何让教师的课堂变成教师和学生的课堂，甚至将教师的课堂变成学生的课堂，我们在观念和行为方面做好准备了吗？无疑我们还有相当长的一段路要走。但无论如何，谢老师的课例给了我们非常好的借鉴样本，也带给了我们深刻的反思。

第三、四回合，第五、六回合的交流也是这样一来一回的模式，双方提供对方感兴趣的课例进行研讨交流。

③英语学科多回合的教学交流

与内地相比，国际化背景令香港的英语教育有着得天独厚的优势，与香港东华三院王余家洁纪念小学的远程英语教学交流让我校英语学科组受益匪浅。在英语学科的交流中，东华三院王余家洁纪念小学的英语教师和外教奉上了数节有关 Phonics 的英语课。Phonics 是符合儿童学习特点的一套适合儿童学习英语语音的注音系统，Phonics 教学法，也称为字母拼读法，是源自于以英语为母语的国家所提出的适宜儿童语言学习的方法。东华三院王余家洁纪念小学的小朋友在课堂中可以做到看词能读，听音会写。之后，双方又多次进行有关 Phonics 教学的研讨活动。以此为契机，我校英语学科也尝试使用 Phonics 教学法，可以预期，我校学生在掌握了 Phonics 后，其认字能力会大大提高，自由阅读也应该不是梦想。

(2)基于文化和科学的学生交流

我校与香港东华三院王余家洁纪念小学开展了以“两地春节的习俗”“圣诞节”和“正字比赛”等为主题的文化交流活动，与香港东华三院王余家洁纪念小学和马来西亚吉隆坡坤成国民型华文小学两校进行了以“诗词朗诵”为主题的文化交流活动，三校还举行了“环保知识知多少”的交流活动。

这些跨地域、跨文化、跨学科的学生交流活动，给我们的学生打开了一扇不一样的窗户，让他们领略到外面五彩的世界。

(3)师生互访计划的实施

由于我们几年来一直跟香港东华三院王余家洁纪念小学开展广泛、深入、互补的教育教学交流活动，随着交流和相互了解的深入，我们不满足仅限于远程视像的交流，开始筹划实施师生的互访计划。

2013 年 11 月 25 日至 28 日，通过双方协商，我校安排了 28 位各学科的骨干教师赴香港东华三院王余家洁纪念小学进行访问。香港东华三院王余家洁纪念小学为这次活动做了精心的筹划，安排了中文、英文、数学各一节小组合作学习的展示课，最后的交流环节中还由两位校长就小组合作学习向我们进行了详细的介绍。这次交流不仅让我们的老师对香港东华三院王余家洁纪念小学在各学科小组合作学习的操作上有了非常深入的了解，同时还对学校管理、班级管理、教学工作等方方面面进行了细致的了解，姊妹学校的精细化管理令老师们叹为观止。

这次访问使我们两校间的交流达到了新的层次，两校间老师的互访计划、学生的互访计划也列入日程，这也将使两校的交流活动不断深入。

3. 思考与展望

“视像中国”远程教育项目是一个非常好的交流项目，它高效率、低成本，让我们从与姊妹学校的交流中收获良多，更从教育观念、幸福课堂的构建、和谐师生关系的形成等各个方面给我校实施“幸福教育”带来了很多正面的效应。

“视像中国”的开展如何才能发挥它的最大效能，让参与的学校都收获想要的东西？这是我们在参与项目过程中一直思考的问题。

思考一：项目学校都是条件比较好的学校，各有各的优势。让优势互补的学校结对开展交流活动，也许会让项目学校的交流能够更加持久甚至常态化的进行下去。如何选配结对学校可能是一个需要关注的问题。

思考二：项目学校本身参与交流的热情是关键的一环。将项目的开展放到学校发展的大框架下思考，会给项目的开展带来持久的动力。

思考三：常态化、系列化的交流计划能给项目注入更多的力量。

“视像中国”是信息时代信息科技对教育支撑的一个成功典范，相信它一定会随着信息技术的不断进步带给我们更多美妙的教育体验。

（佛山市南海区罗村实验小学　赖毅平）

跨区域资源整合推进校本课程建设

1. 基于学校特色，搭建科技平台

李惠利小学创建于1991年，是由香港已故著名实业家李惠利先生捐资兴建的。学校现有18个教学班，近800名学生，41名教师。学校内部陈设处处呈现科技特色。

近几年来，学校的科技特色教育硕果累累，成绩喜人。特别是小发明、机器人在省、市乃至全国均小有名气，享有市青少年科技发明大赛五连冠的美誉，机器人小组五次荣获浙江省机器人大赛冠军、还多次代表国家参加在泰国、澳大利亚等地的机器人国际大赛，均获得佳绩。为此，学校先后6次被评为市科技活动先进集体，省科技活动优秀组织奖，被市教委命名为全国各类学校科技活动和师资培训实验学校，被国际机器人奥林匹克事务局授予“国际机器人奥林匹克培训基地”称号，同时被中央教科所命名为“全国青少年科普教育实验基地”。

2. 关注学生发展，开发项目课程

培养小学生创新精神与实践能力，是新一轮基础教育课程改革的核心，是实施素质教育的灵魂，是培养新世纪人才的关键。要培养学生创新思维，必须加强创新教育，为学生营造创新情景，提供创新素材，要拓宽思维空间，训练思维深度，从而使学生的思维达到一定的严密性、灵活性和敏捷性。为了给学

生创新思维的培养搭建一个广阔的实践舞台，我校开发了以“科技头脑风暴”为主题的一系列实践活动，并与“视像中国”的项目学校共享。

(1)领导重视，师资保证

首先，在江东区教育局、教研室的大力支持下，学校的“视像中国”课堂转移到了设备齐全的“微格教室”，不仅画面更加清晰，而且沟通也更加畅通无阻，为课程的开展打下了良好的基础。

在开发“科技头脑风暴”课程之前，学校召集了科技组、信息组的老师，一起讨论研究课程的具体方案。经过大家的群策群力，最终我校确定了以“打开学生新视界，拓展学生新思维”为目标的“科技头脑风暴”课程，并制定了课程的安排时间、上课人员和上课地点，确保课程顺利进行。在每次上课之前，学校的联络员都会提前告知对方学校需要准备的各项材料和设备调试的时间，双方的技术人员都会在上课前将设备调试完毕，保证了课程的时间和质量。“科技头脑风暴”课程曾先后被上海市七宝三中、重庆蔡家场小学等学校选中，定期开展活动。

(2)内容丰富，寓教于乐

“科技头脑风暴”课程包括风车提重、吸管承重、扑克叠高等主题，不仅内容有趣，贴近学生生活，而且提供开放性的问题解决方案，学生可以用不同的方法达到同一目标，从而鼓励学生充分发挥想象力、创造力，培养学生的创造性思维。使用课堂里的系列教学工具，学生们将有机会探讨有趣的、具有挑战性的主题，并通过动手实践获取知识，学习多学科知识，如机械设计、电子工程及信息技术等。

第一次授课内容是吸管承重，需要同桌合作完成。授课的陈裕盛老师首先向学生展示了自己的作品，并且让学生通过观察和思考，说一说吸管承重制作的关键之处，通过循序渐进的讲解，学生掌握了牙签和吸管如何完美结合进行顺利搭建的方法。当一个个砝码顺利地被放上去之后，学生也尝到了合作之后成功的喜悦，互相击掌庆祝。

根据课程的衔接与延伸，我们设计了第二次授课内容——扑克叠高。虽然同样是搭建，但是扑克叠高需要的更多是底部根基的稳健、上方搭建的平稳以及学生间的通力合作。有了第一次搭建的经验，学生的动手更加熟练，合作也更加顺利。

在这门课程中我们不仅融入了团队协作，而且还引导学生合理地利用身边的废旧物品，进行创意有趣的科技小制作。例如利用两个空的可乐瓶子，通过适当的剪裁和粘贴就可以制作出一个水火箭。这样的课程在教会学生本领的同时，也教会学生多留心、多关注，合理利用废旧物品。

这样丰富的课程还有很多，比如，风车提重、动力小车等，让学生动手动脑，积极实践。学生在课堂中构思、设计和开发，整个过程俨然是实际工作和生活中的真实体验。针对主题内容，进行研究、策划、设计、组装和测试。学生们以小组为单位，设计自己的作品。通过鼓励孩子们主动探索、动手实践，让他们亲身体验抽象的理论如何变成触手可及的答案，享受成功的兴奋。在活动中，学生不仅可以学到有关机械、物理等技术知识，更可以帮助他们培养良好的生活习惯，学会与他人沟通合作、尊重他人，树立自信心，磨炼意志品质等。

3. 积极拓展普及，共享 OM 特色

随着“视像中国”活动的普及化和规范化，为各个学校提供了越来越多的学习机会。我们学校也积极探求一些新颖而又富有创意的课程，头脑奥林匹克（以下简称 OM）竞赛活动就引起了我们的注意。该活动于 1978 年起源于美国，是一项国际性的培养青少年创造力的活动，旨在考验青少年的创造精神与团队精神，现在已遍及世界许多国家，中国上海最早参加。对于我校刚起步不久的课程，正需要这方面专业的指导和引领。

(1)初步尝试，尽显乐趣

2011 年，上海金汇实验学校开设的 OM 课程受到了我校极大的关注和欢迎。为进一步加强“视像中国”课程交流，促进甬沪两地的教育发展，2012 年 11 月 23 日，上海金汇实验学校由尹校长带领行政班子、科技组等一行 12 人来到李惠利小学进行参观交流，就科技教育方面进行深入的学习和探讨。周老师为 OM 社团的学生进行了面对面的教学。孩子们看到一直远在上海上课的周老师走下网络，来到身边感觉特别亲切，学习的兴趣也十分浓厚。

课堂教学结束后，两所学校就科技教育进行了专题探讨与经验交流。上海金汇实验学校的尹校长也结合学校特色，交流了“一切以学生的全面发展”为主题的报告。其次，周老师结合带学生参加国际 OM 比赛的经历与我们分享了什么是OM课程，让我们了解了OM课程将科技教育、艺术教育与创新教育融为一体，开设这样的课程有助于学生全面发展。随后，我校就二十年来以“提升学生综合素质”为宗旨所开展的各类各项科技活动做了全面的介绍。为了更好地搭建互助互动互学的平台，两校还在江东区“视像中国”联络人许波老师的见证下，签订协议，正式结为了姊妹结对学校，为今后开展各项教育活动奠定了坚实的基础。“视像中国”的OM课程就是我们学习的天地，它拓宽了学生的科技视野，激发了学生对创造活动的兴趣，培养了学生主动探索新事物的良好习惯、创新精神和求异思维，同时还对学生的多种能力进行了训练，并帮助学生掌握小发明的基本方法。

(2)逐步深入，积极拓展

2012年12月28日，宁波市江东区教育局在李惠利小学举行了区第五届中小学科学教育与未成年人科学素质论坛暨李惠利小学OM头脑奥林匹克项目现场会。全体与会者观摩了上海金汇实验学校金牌教练周立民老师为李惠利小学OM社团的同学上的一堂精彩的OM语言类展示课。学生发散的思维模式、教师精彩的点评，让在场的辅导员老师大为赞叹。

2012年3月，我校参加了第25届中国上海头脑奥林匹克创新大赛暨第33届世界头脑奥林匹克中国赛区总决赛，并获得了三等奖的好成绩，积累了一定的经验；2013年3月，在第26届中国上海头脑奥林匹克创新大赛中，经过全国小学组近60组的激烈竞赛后，我校总成绩排名第11名，更是激发了我校师生不断探索的动力；2013年11月，我校学生在宁波首届头脑奥林匹克竞赛中一举夺得了宁波市第1名的好成绩，经验的积累逐步展现出了优势；2014年3月，我校参加了在上海华师大二附中紫竹校区举行的第35届世界头脑奥林匹克中国区决赛，在7位同学的共同努力之下，参赛作品“宝马小车”一气呵成地完成了前进、倒退、平移、分离、曲线绕桩等任务，赢得了在场裁判的掌声！退出场地之后，同学们和小车更是被在场的观众团团围住，拍照的，询问的，络绎不绝。上海电视台也进行了采访，记者详细地记录了小车的设计理念，再次观赏了各项任务演示的过程，此次采访剪辑还在当晚6:30上海卫视新闻综合频道中播出了！

(3)特色普及，区域辐射

如今我校OM活动日渐成熟，学校积极推广，以极少带动极多，让更多的学生能够参与其中；以个别面向普及，让更多的师生能够共享创新。每周二的科普午谈课时间，是全体师生激发思维灵感的有趣时刻。学校的科技辅导员通过广播让全校师生一起参与语言即兴题，例如“为星球命名”，有的说这是毕加索星球，因为它五彩缤纷，像一幅画；有的说这是棉花糖星球，因为它所有的建筑都是用棉花糖做成的。又如“动物功能”，有的说我想拥有松鼠的尾巴，这样睡觉就不用枕头了；有的说我要猴子的尾巴，这样就可以倒挂在树上玩耍了……每次师生都踊跃“发言”，各种创意答案让人大开眼界。学校也正在逐步积累各种素材，尝试编写 OM 校本课程。

2014 年 3 月 28 日，李惠利小学还举行了头脑奥林匹克专题区级校本研修开放展示活动。活动一开始，大家先欣赏了李惠利小学 OM 社团学生带来的精彩表演，随后在李惠利小学师训主任周老师的介绍中，与会老师对 OM 有了较为全面的认识。当老师们现场抽签分组围坐参加即兴题比赛时，一个个富有创造性的答案在脑力激荡中迸发；当老师们用意大利面和棉花糖搭建时，团队合作的力量创造出了一件件富有创意的作品。会后，老师们都沉浸其中，意犹未尽。2014 年我校以 OM 活动为特色发展核心，成功申报了江东区教育局的首批特色项目学校，这是全区唯一的一个科技特色项目。

培养学生创新思维能力的途径是多种多样的，只有给学生提供更多的机会，才能让学生真正通过学习学会创新，乐于创造。而“视像中国”正是学习创新的机遇，可以培养学生的创造性思维。学校在近几年先后被评为“视像中国”远程教育项目先进集体，“科技头脑风暴”被评为“视像中国”优秀课程。如今，“视像中国”一个个丰富多彩的活动也正等待着我们继续共同参与，共同探索，共同收获，期待有更绚丽的创新空间，期待有更广阔的思维新视界！

（宁波市李惠利小学 伊阳）

在项目践行中提升学校文化内涵

1. 走进“视像中国”，我们沐浴在春光中

(1)参与各项赛事

2011 年 2 月，我校第一次参与了“视像中国”的辩论赛(小学组)，比赛虽

然输了，但是开启了我校远程教育之门，犹如小草在地底下孕育，只等三月的春风徐徐吹来；经过一年的蓄势待发，我校分别参与了小学讲故事(中英文)比赛、中学即兴演讲(中英文)比赛、中学组中文辩论比赛等5项比赛，吸取上一次的经验教训，在赛前做了充分的培训，最后，我们在所参与的比赛中均取得了好成绩；4年来，我们一共参与了34场的比赛，一如传奇的尖茅草，学生的语言表达能力、临场发挥能力不断提高，并不断蔓延、生长。

(2)交流拓展型课程

我校参与了远程拓展型课程的交换计划，3年来，我校分别输出了《精忠岳飞》和《阅读与表演》2门校本课程，同时输入了《国学》和《小故事，大精神》等8门课程，纳入我校拓展型课程体系，与我校的拓展型课程同时开设。

(3)承担评委工作

2011学年，第七届讲故事比赛鸣锣开赛，我校承担了小学讲故事(中文)比赛的评委工作，共计35场比赛，以我校为主会场。每场比赛前，我们都认真做好测试工作，使所有比赛都顺利完成，同时我校的评委组长黄武茂老师还为我区其他参赛学校的指导老师做了一次指导讲座。2012学年，我校承担了小学中、英文辩论赛的评委工作，共计61场次。2013学年，我们又承担了小学中英文讲故事比赛，共计24场次。

(4)开展学生交流

通过视像中国平台，我校与香港嘉诺撒圣玛利学校结对，进行一些学生的交流互动：远程活动《大城小爱》让素未谋面的双方对彼此以及所生活的环境有了更多的了解；同时，我们还尝试了借助创新实验室的设备与香港东三院学校的学生进行创新实验成果交流。

(5)参与剧本创作

通过“视像中国”平台，我校参加了香港“第二届生命教育创意剧本创作”大赛，我校学生获得了中学组的第一名。

(6)加强教育教学研讨

通过“视像中国”平台，我校分别与井冈山龙市小学、宁波实验小学、重庆两江学校、香港李求恩纪念中学等学校进行课堂教学、校园文化、德育等方面的多次研讨和交流。

2. 感悟“视像中国”，我们放歌在星辉斑斓里

(1)丰富我校的课程内涵

以“视像中国”为载体，通过远程技术，我校学生在原有限定拓展、自主拓展和社团课程的基础上，增加了来自重庆的《国学》课程、来自井冈山的《小故事，大精神》课程……打破了地域的界限，既满足了学生的各种需求，又丰富了学校文化。《国学》课程也是我校的限定性拓展课程之一，在教材的选择、课堂教学的实施以及教师的国学素养方面，重庆的课程给了我们很大的启迪。更重要的是，我校学生在课程中的感悟与收获让人欣喜，摘录如下：

本节课重庆中山小学的老师教了《论语》中的三句句子，让我们知道了珍惜时间，勤学好问的重要性。我也想告诉大家一句珍惜时间的名言：一寸光阴一寸金，寸金难买寸光阴。

※期待的国学课到来了，刚进多媒体远程教室，我既惊讶又好奇，惊讶的是我们竟然能和远在千里之外的重庆学校的同学和老师一起上课。好奇的是要用哪种机器来传输声音呢？

我期待下一次远程教室上课。我认为这样又能学到知识，又能认识其他地方的老师和学生，这是多么有趣的一件事呀！

※今天的远程教学课让我知道了现在科学技术的发达，可以在远隔千里的地方看到别人，这种教学方式非常新颖，我们学习的氛围也十分融洽，这堂课给我留下了很深的印象。我爱远程国学课！

※整堂课我们手拿自制的乐器，在动感中学习《弟子规》的内容，我们通过小组竞赛的形式，学会了吟诵，理解了所学内容的真正含义。通过学习，我们今天又认识了一位远程教学的老师，她上课十分生动，尽管有时图像不是十分清晰，声音有些模糊，但我们乐于参与远程学习。通过这节课我们上海和重庆的小朋友的心拉得更近了，友谊更深了！

远程拓展课程交换，不仅丰富了我校课程内涵，而且还推进了我校校本课程的国际化进程。围绕我校“以民族化为根基，以国际化为追求，以个性化为特色”的办学目标，我们开发了大量的校本课程，其中，这个学期输出的《精忠

岳飞》和《阅读与表演》课程就体现了“民族的就是国际的”这一理念，并以远程教育的方式，走出了校门，走出了闵行，和国内更多的学校进行交流、分享，实践“多元、共生、融合”的理念。

(2)提升教师的课程理念

“视像中国”项目多元而又丰富，我校教师通过“多点实时课堂交流活动”了解了不同地域教师的教学策略，开拓了我们的教学思维；我校三位教师参与了“讲故事比赛”的评委工作，感受到了不同区域孩子的素养，而评委们精彩的点评更展示了我们上海教师的风采；通过远程拓展课程交流活动，我校教师更加深刻地感受到了“一位有特长的教师，就是一门有特色的课程”，教师在专业知识领域获得了丰富和扩展。2012学年，在项目组的策划下，我校优秀青年教师赵益和井冈山新城小学陈志勤老师结对，尝试开展“远程带教”活动。在强大的信息平台的支撑下，两位青年教师相隔千里却亲密接触，一起带着问题去研究、去实践。一年的时间就这样在琢磨、研讨中悄然而逝，我校赵益老师发出这样的感慨：“一年思考，实践，反思再实践的过程虽然辛苦，却充满乐趣，今年6月传来了喜讯，陈老师所任教的班级在当年英语期末统考中获得了第一名的好成绩，我和陈老师都为学生出色的英语学习表现感到欣慰，也为自身的专业成长欣喜鼓舞。除此以外，作为网络课程的实施者我更感到自己做了一件有意义的事，这一年的经历为我平淡的教学生活打开了一扇天窗，让我认识到不同地区同年龄孩子的天资是趋于平等的，是教育在影响和改变他们的一生，我是多么有幸能够为井冈山的孩子开启另一片广阔的天空。”是“视像中国”让我们的教师在实践自身专业成长的同时，能拥有更宽广的视野和胸怀；是“视像中国”让我们的教师认识到：学校在窗外……

(3)促进学生的个性发展

我校拓展型课程的聚焦点：不同学生的不同基础——个性发展。在成功开发“经典诵读”“陶艺课程”“传统节日文化”“责任伴我行”等特色校本课程的基础上，继续保持我们九年一贯制的学制优势所形成的衔接课程。参与项目几年来，我们根据“视像中国”的活动，在原有35个社团的基础上，又成立了相应的社团，如辩论社团、演讲社团、小眼睛工作室等，为学生的个性化发展提供了良好的平台。开展“视像中国”活动，学生开阔了眼界，增强了自信，得到了更多老师的教导，学会了更多的本领，参加了更多的活动。同时，对培养学生交际能力也是很有裨益的。现在有相当一部分的孩子缺乏与外界的交流和沟通，原因是多方面的，而其中重要的一点是对外接触面不广。通过“视像中国”，他们可以与远方陌生朋友交朋友，一起学习、交流。可以说，学生是最大的受益者。

每年在香港举办的夏令营活动，总是让孩子们津津乐道而难以忘怀，且看我们学生的收获——

“这次演讲锻炼了我的语言能力，培养了我的个性——大胆。是的，我从前不够大胆，上台说几句话就会脸红，可这次我非但没有脸红还这么顺利地过关了，这多亏了老师给予我这个机会。做人就是要大胆点。”

“虽然我的成绩不太理想，但是通过这个项目让我知道了我要勇于尝试，敢于尝试，学会尝试，不能一味地躲避，不能试都没试就说放弃。尝试是让我跨上成功之路的第一步阶梯，我还得慢慢琢磨才行。”

“虽然过程艰辛不易，但却是值得的，让我知道了离开爸妈我自己也是行的，不必依赖他们我也能生活，让我懂得了独立自主是多么的好，通过劳动后所得到的果实才是硕果累累的！我也懂得了自己以前常说我天生就是大嗓门改不了了这句话是多么的可笑，我以前之所以没法改，是因为我认为自己自制力不够，现在看来只要下定决心哪怕是再难的事情也能克服，不能轻言放弃。”

一路追寻，一路风景。“撑一只长篙，向青草更青处漫溯”。彼岸花开，姹紫嫣红，风光无限。

（上海师范大学康城实验学校　戴娟娟）

远程交流传播先进理念和优秀实践

2012 年 12 月 14 至 15 日，由香港远程教育学会、重庆市教育学会、“视像中国”远程教育发展中心主办，北碚区教师进修学院承办的“视像中国第五届远程教育论坛”在重庆举行。本次论坛以“共生、共享、共研”为主题，围绕信息技术背景下的教师培训与中小学教研、学校文化建设等方面开展广泛的交流研讨。

为配合本届论坛，推动各地进行有关论题的研讨与筹备，特组织部分区域开展研讨活动，以做出示范并为论坛积累资源。活动的目的是从校本角度探讨教师专业发展的有效促进策略，讨论促进教师专业发展的主要因素，并结合各地不同地域文化背景、管理背景等因素交流实际工作中的问题及其对策。

1. 活动参与代表学校

本次活动参与机构有上海市闵行区教育学院、宁波市江东区教育局、重庆市北碚区教师进修学院、佛山市禅城区教育局、香港远程教育学会等五家单位。论坛上，来自五地的校长代表结合自己学校的特色，介绍了学校在教师专业发展方面所做的工作和采取的相关策略。

上海市闵行区七宝镇民强小学 上海市闵行区七宝镇民强小学追求师生真实的生命成长，让每一个学生更主动、健康地发展，让每一个教师更智慧、灵动地教育。学校以“扎根课堂，成就新型教师”为主题开展教师专业发展工作，提出学校成就新型教师的三个策略，即追求和美教学，创新校本教研，历练教学新基本功，使课堂从传统教学思维与习惯中走出来。

宁波市江东区中心小学 宁波市江东区中心小学以“为学生未来”为办学宗旨，以“智慧育人，体验幸福”为目标，以智慧管理实现学校管理科学人文，以智慧教学实现教育教学优质高效，以智慧学习实现师生成长个性鲜明，以智慧育人孕育高雅浓郁学校文化，“轻负高效”的办学特色得到社会广泛认同。近年来，学校以校本研修为抓手，围绕着“构筑智慧课堂、追求有效教研”的工作思路，积极构建有效的校本研修机制，创新校本研修的形式和内容，打造智慧型教师团队，有力推进教师专业成长，促进学校可持续发展。

重庆市北碚区晏阳初中 重庆市北碚区晏阳初中作为一所农村学校，面临着农村教育普遍存在的环境相对封闭、条件相对较差等问题，充分意识到农村青年教师成长的不利因素，并正视现实，积极寻求解决方法。学校领导和教师坚信，有效促进青年教师的专业发展是学校教育质量的基本保证，更是学校教育内涵不断提升的动力之源。因此，学校在工作开展中对教师发展过程增加“干预”和“影响”措施，积极争取教师展示自我的机会，使人尽其才、扬长避短，激发其自信心，以推动教师专业持续发展。

佛山市禅城区南庄三中 佛山市禅城区南庄三中坚持构建教师专业愿景是

实现教师专业化的必要条件，使每位教师人人有愿景，人人有目标，建立校本教师专业发展机制，共研疑难、共享智慧，促进教师共生共长，采取“目标导向，共同考核，成效推进”等有效促进教师专业发展的策略，实施网上集体备课、教后反思、1＋N 教师自主发展方案、建电子档案等活动，实现每个教师的专业持续发展。

2.“视像中国”本次活动感想

(1)以校长为参与主体，在传播、交流和碰撞中激发思考

校长的办学理念及其理念的实施是学校教育质量和办学特色的根本，而教师的专业发展是学校办学理念实现、办学特色张扬、办学质量提高的坚强基石。本次论坛活动围绕教师专业发展及校本化成长这一主题，为校长们带来先进的、特色的理念与方法，有利于校长之间互相学习，优势互补，有利于校长的专业化成长，提升自我的综合素质和能力，带动了校长的自我学习和自我提高，实现校长办学理念的升华和学校管理艺术的提高。校长通过自身示范、引领、指导和支持作用，推动校本研究，促进学校教师队伍建设和校本教研能力的提高，有利于教师的专业发展。本次论坛活动中，五地校长结合学校自身特色，传播了跨地域的、差异化的教研理念，在研讨交流中碰撞出思想的火花，促进思考，启迪智慧。

(2)教育发展差异性所带动的学校管理差异性发展

参与交流的五个地域教育发展具有差异性和不同的地域文化特征，他们结合自身的发展情况，给出了教师专业发展有效校本策略解读，展示了多元的校本研修文化。本次活动，展示了依托“视像中国”平台开展区域间交流研讨的教育文化传播价值。我国区域间教育发展水平存在差异性，学校管理难以一致化。一些城市学校注重国际化教育和多元文化教育，一些农村学校则注重本乡本土教育等，在实践上，不能以城市教育标准要求农村教育，或以东部教育标准要求西部教育，但需要管理者以发展的眼光看待学校优劣势，遵循学校特点、需求和现状，基于学校发展的独特性采取不同的管理策略，思考学校的办学特色和未来发展。不同地区的学校之间需要交流和分享，相互启发，实现教育发展的丰富性和多样性，进而推动区域间教育发展的均衡性和全面性。

(3)从校研文化发展中感受教育发展的时代脉搏

校本教研本质上是要优化提升教师的研究行为，进而优化提升教师的教育行为。校本教研文化是教师在研究过程中形成的以及共享的信念，这些信念支配着他们的研究行为。在传统教育管理体制下，校本教学研究关注的焦点是“做事”，人的发展被边缘化，教师在教研活动中基本处于被动顺应而非主动参与的地位。近年来，随着倡导教育改革的呼声越来越高，更多的人开始注意到校本教研需要更多的关注教师和学生的发展，调动教师参与研究的积极性，把个人的发展与学校、学生和教育改革的兴衰紧密联系起来。学校采取一定的策略和实施一系列的校本教研活动，如建立学习型的教研共同体、搭建校本教研平台等，加速教师的专业发展，实现学校和学生的发展。本次研讨活动充分体现了上述时代特征。

(4)“视像中国”对教育推动的价值思考

“视像中国”是个没有围墙的大学堂，依托远程教育技术，引导校长、教师和学生进行跨时空学习、交流和研讨。本次交流以校长为主体，共同聚焦校本环境下的教师专业发展这一主题，以文化共生拓展教师专业成长途径，有利于校长及论坛参与教师接触多元的教育文化和教学方式，促进各类主体的发展。实际上，“视像中国”所开展的活动远远超越了本次论坛的范畴，在学生主题活动、课程互换、网络化课程、教师专业发展及教育管理者分享交流等方面做了大量的工作，以资源共享促进了参与学校间的有效交流，整合各类教育资源，促进网络教育资源的开发与建设，有利于破解农村地区教育资源投入不足、学习资源不均衡的难题，促进义务教育均衡发展，同时，更促进了现代教育理念及优秀实践的传播，促进跨地域、大范围的教育质量提升，具有网络环境下引领教育实践及未来发展不可估量的时代价值。

（北京师范大学李玉顺　卿竹君）

第三章　跨越围墙之后的教师成长

“三人行，必有我师焉”，或许在“视像中国”这个项目发展的实践中最能体味出师者的高尚与风范。无须三人，愿意付出即为师！“视像中国”远程教育项目力求让不同办学环境下的教师实现从外向内看教学，超越单一文化背景的思考，超越校园简单竞争的烦琐，以同伴的心态、师者的高度，不断促动着教师们在对等交流的过程中实现内涵提升；同课异构的远程教研让教师们在不同教学方法中感受着知识传授过程的魅力……

本章通过来自浙江宁波、上海、佛山南海、深圳等区域的14位教师的亲身体验来阐述参与项目带给他们的感悟和成长。

“视像中国”教师现状调查报告

“视像中国”项目自2004年启动至今已有十年时间，该项目有效促进了跨区域跨校之间的合作交流，目前已有上海、北京、深圳、佛山、重庆、宁波、井冈山在内的多个省市参与其中，跨校交流活动从最初的辩论赛逐步扩展到网络课程、远程教研等，夏令营活动也逐渐步入正轨，日益完善。南京大学网络化学习与管理研究所借2013年10月“视像中国第六届远程教育年会暨学习无边界”(江西井冈山)之际，设计发放了《“视像中国”项目发展教师现状调查问卷》。此次问卷调研的目的在于全面了解项目参与教师的感受与收获，同时了解对该项目感兴趣的教师及教育管理部门管理者的态度和需求。

1. 被调查者基本情况

本次调查共发放问卷165份，回收问卷120份，其中有效问卷118份。

参与此次问卷调查的教师来自香港、江西、深圳、宁波、上海在内的十个省市(如图3-1)，以31～40岁的中年教师(45.8%)为主，教龄分布如图3-2，多为小学(47.2%)和初中(36.1%)教师，任教学科以信息技术居多(42.3%)，其中43.7%的被调查者认为自己的信息素养处于中等偏上的水平，32.4%的人认为自己的信息素养处于中等水平，认为自己信息素养较差的有12.7%，另有11.3%的被调查者对自己的信息素养评价很高。

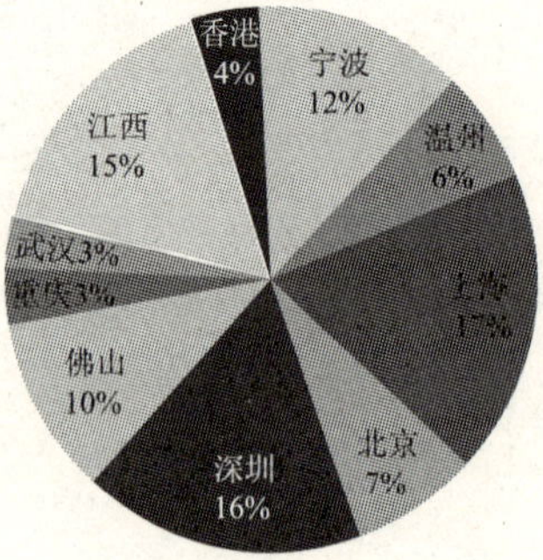

图3-1 被调查者所在城市

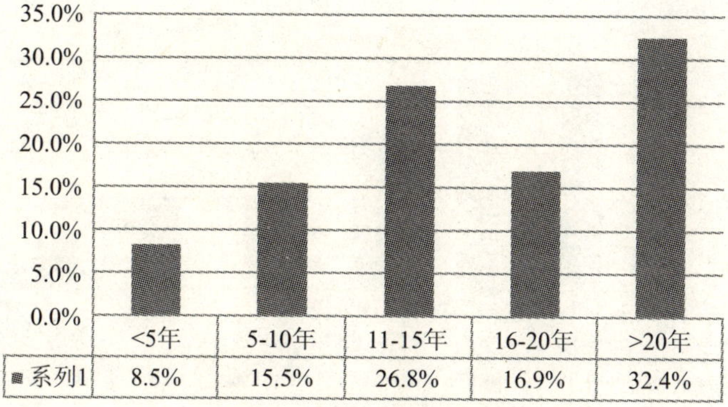

图 3-2　被调查者教龄分布

2.“视像中国”项目参与情况

调查结果显示，被调查者个人或学校都参与过“视像中国”活动，六成的被调查者 2010 年以后参与该项目(如图 3-3)，分析这些数据，了解到“视像中国”项目在 2010 年后得以广泛推广，更多一线教师参与活动。参与活动的类型包括远程教研活动(49.3%)、远程课程交换(46.5%)、网上实时辩论比赛(36.6%)、网上讲故事比赛(21.1%)、主题文化活动(18.3%)和夏令营(12.7%)，目前开展的活动主要围绕课程教学展开，而在教师希望参与的活动类型中，远程课程交换和教研活动也占据了较高的比例，主题文化活动(23.6%)和远程专题讲座(19.4%)紧随其后。

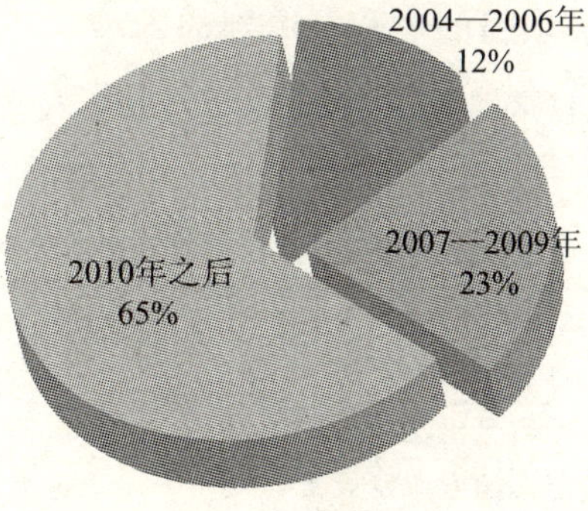

图 3-3　首次参与“视像中国”项目时间

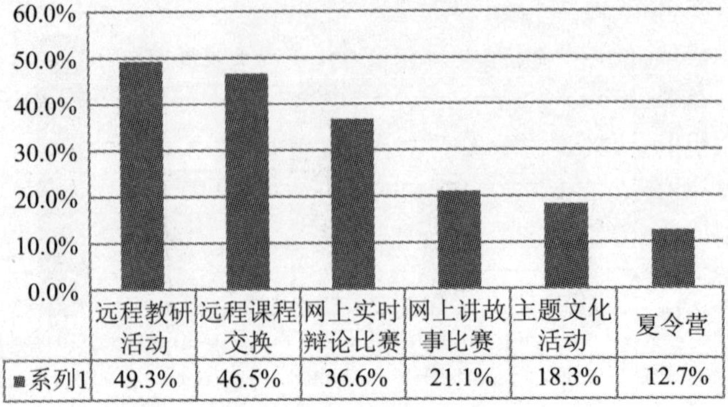

图 3-4　参与活动类型

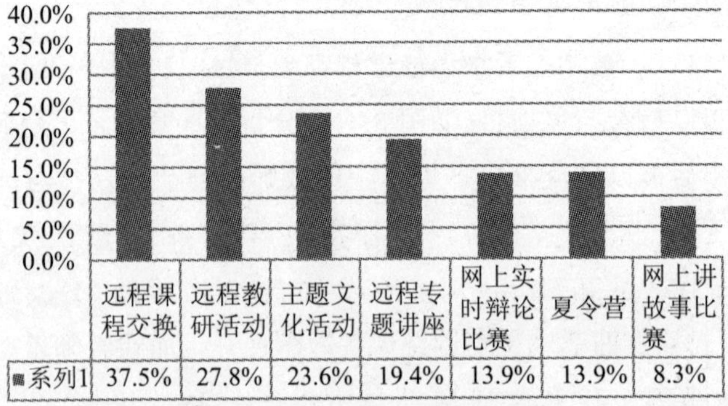

图 3-5　希望参与活动类型

3. 参与“视像中国”项目的收获及遇到的困难

参与“视像中国”项目的教师表示，该项目对学校和教师产生了深远的影响，从学校层面上来说：

表 3-1　“视像中国”对学校建设及发展的影响

题目选项	得分(满分为 5 分)
丰富了我校的课程形态和教学资源	4.05(SD=0.932)
推动了我所在学校的信息化建设	3.97(SD=0.897)
为我校教师提供了更多的专业发展机会	3.97(SD=0.999)
推动了我所在学校的特色发展	3.88(SD=1.100)
推动了我所在学校的国际化发展	3.82(SD=0.967)
推动了我所在学校的教研活动	3.71(SD=0.974)

从教师层面上来说：

表 3-2　“视像中国”对教师个人专业发展的影响

题目选项	得分(满分为 5 分)
使我有机会认识许多校外同行	4.48(SD=0.644)
提高了我的网络交流与协作能力	4.42(SD=0.705)
使我感受到团队/协同教学的优势	4.38(SD=0.658)
为我提供了参与网络教研的机会和平台	4.37(SD=0.703)
提高了我的信息技术能力和水平	4.29(SD=0.861)
提高了我的国际化和多元文化意识	4.19(SD=0.737)
促进了我作为教师的专业发展	4.08(SD=0.874)
改进了我自己的学科教学	3.98(SD=1.000)

结合表 3-2 和图 3-6 可知，参与“视像中国”项目的收获主要为开阔了视野，增加了交流的途径，提升了网络教学方面的经验，同时形成了远程的协作团队，对教师学科教学的发展相对不够明显，这样的数据有助于今后活动开展中凸显学科专业性。

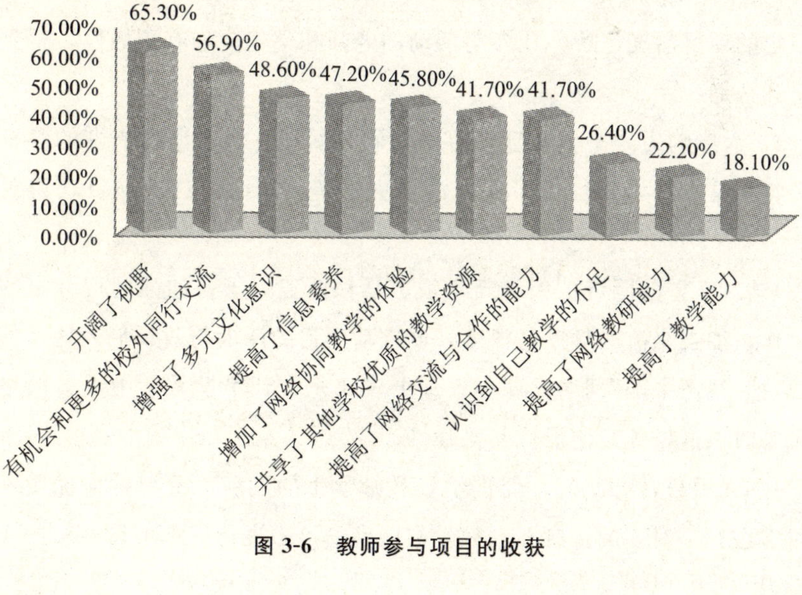

图 3-6　教师参与项目的收获

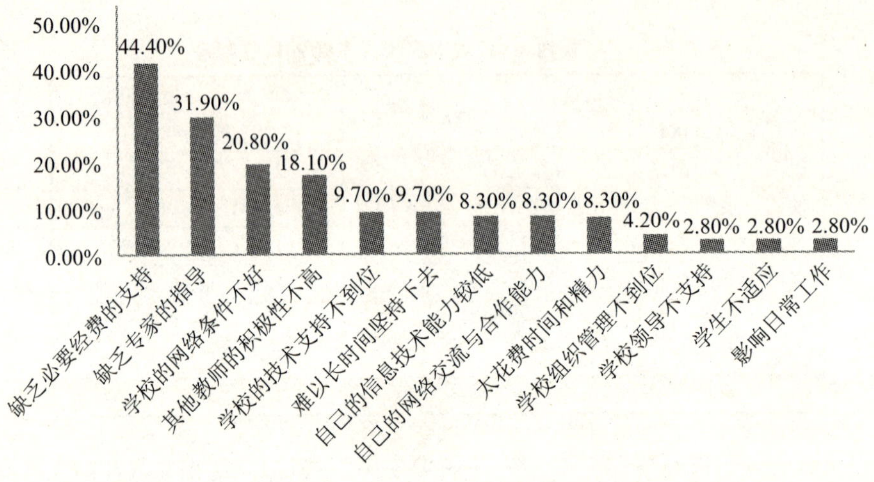

图 3-7　教师参与项目过程中遇到的困难

4. 被调查教师对项目未来发展的若干建议

(1)希望能划拨专项经费来支持学校“视像中国”项目活动；学校也能切实划拨一定的项目活动经费，让参与活动的老师和学生更加有积极性，得到更多的肯定和帮助。

(2)扩大影响力，多举办管理层面的研讨活动，将活动让更多的学校领导了解，特别是校长，使校长对这个活动更了解，从而使这个项目获得更大的支持。

(3)结对学校范围可扩大至新加坡、马来西亚等国；加强同行专家的指导引领工作；加强交流的频率与深度，以推动项目的深入与效果最大化。

(4)把“视像中国”网络化课程教育更多地充实到小学教学中去；网络课程学习可与时俱进，提高前沿性与兴趣性。

(5)加强项目常态交流，促进学校教师学生的发展，重视各地优质资源共享；可多进行一对多的视频互动教学与活动；可多进行优秀项目学校的实地考察与学习。

(6)希望交流平台更加完善；希望网络速度提高，使交流更顺利流畅；希望有更多元化的交流。

（河南大学　梁林梅）

打破区域围栏探索远程教研模式

近年来，我区成为“视像中国”远程教育项目的核心区域，携手新加坡、香港、上海、深圳、佛山等项目区域开展了形式多样的远程教育合作交流活动。我们就如何发挥项目更大的价值，使之不仅成为学生成长的舞台，同时也成为教师专业发展的平台，积极寻找突破口并大胆尝试：从一个学科、区域内学校之间开展网络视频教研，发展到多个学科跨区域的网络视频教研；从校校之间的网络视频教师沙龙发展到区域之间；从远程名师课堂分享逐步走向异地远程“同课异构”研讨等。

1. 远程拓展课程研讨交流

“远程拓展课程交换”是视像中国远程教育项目的创新亮点，主要服务于项目学校的校本课程建设体系，以课程交换的形式使项目学校之间可以便捷地享受校外课程资源，师生异地的实时课堂扩展了学校教育资源，同时也给了学生别样的远程课堂体验。以“视像中国”项目的远程拓展课程为研讨主题，开展同主题课堂研讨活动。

案例：新加坡南洋小学、上海外国语大学闵行实验学校、深圳市南山区卓雅小学、佛山市禅城区铁军小学、宁波市江东区栎木小学曾一起开展过一次“弟子规”教学研讨。首先是两个直播课例：上海的老师通过“视像中国”平台，为栎木小学二年级学生远程上课，朱老师循循善诱，通过多种形式的引读，提供图片、创设情境，深入浅出地引领学生诵读“弟子规”；深圳的老师与学生同堂上课，课堂生动活泼，充分发挥学生的自主性，让学生在生动的生活情境中自读自悟。接着，禅城区铁军小学的学生展示了精彩的“弟子规”操。学生们跟随音乐，一边吟唱一边应声而动，他们的表演给大家留下深刻的印象。随后，新加坡南洋小学钟蔚芬校长对两堂课进行了精要的点评，同时为大家介绍了南洋小学推进《弟子规》的做法和经验，南洋小学把《弟子规》的思想内容融入漫画，编制了图文并茂的校本教材，将“弟子规”的学习与课堂教学相结合，并渗透到各个学科。随后，上海闵行区小学语文教研员杨献荣、深圳卓雅小学的教师及栎木小学的应雀灵老师分别对两堂课进行了点评，最后由宁波大学精通弟子规的陶志琼教授作总结，提升了本次活动的意义。

2. 远程同学科主题论坛

关注教师日常最关心的问题和最突出的问题，结合时下教育热门，组织教师开展专题研讨，也是开展网络视频远程教研的常有模式之一。在远程教育合作交流过程中，各地不同文化背景的教师，围绕主题进行头脑风暴，现场视频互动、交流讨论，更有利于教师的知识元认知和新的教育理念进行磨合、冲撞，构建成新的知识结构，形成新的教育理念。

确定研讨主题——聆听观点报告——互动沙龙交流——专家点评总结。

案例：以“点亮孩子阅读心灯”为主题，在重庆、宁波两地开展研讨活动。首先欣赏宁波市栎木小学的应雀灵老师执教国学拾贝大讲堂，接下来，来自重庆市北碚区和我区教师分别做了《阅读点燃智慧》《书卡芬芳，童心荡漾》《“漂书”漂出精彩》等观点报告，气氛最高涨的环节是教师针对观点报告提出问题、进行互动，两地老师围绕问题开展了热烈地讨论，体现了远程论坛的时效性，最后由专家做点评。浙江省语文特级教师金晓润老师改朱熹的“春日”，形象地肯定了本次远程论坛活动的成效，“胜日寻芳视像中，无边光景一时新。等闲识得东风面，万紫千红总是春。”

同学科主题论坛以问题为导向，重在观点碰撞，产生思想共鸣。当各地教师将自己的教学观点、教学经验、教学困惑与他人分享时，便能更多地吸收别人的智慧，更快地成长为教学骨干，同时也能找到异地的教学知己。

3. 远程跨学科主题说课

以热点话题为切入口，开展主题说课、专家引领、互动提问等跨学科交流。

案例：“上海、宁波、深圳”三地电子白板教研活动。其一，三地协商确定以“如何应用电子白板”为研讨主题，各地针对主题准备不同学科20分钟说课稿。其二，活动现场：说课过程中，各地教师代表一边说课，一边进行白板演示，展现了各地应用电子白板的特色与亮点。佛山市禅城区南庄三中英语老师将电子白板与电子书包的应用进行整合，凸显白板的互动性特点；上海蔷薇小学的美术老师以手型的想象与创作为主题，充分运用了白板的自由旋转功能以及丰富的资源库，有效突破教学过程重难点，增大课堂容量；外国语实验小学的信息技术黄吉雁老师，利用交互式电子白板实时批注、魔术笔、无限克隆等多种功能，将交互式白板与传统信息技术学科教学较好地融合在一起，使原本枯燥的知识传授和技能操作变得生动有趣。其三，各地老师围绕如何更好地体现白板的参与互动功能、如何将白板的使用与课堂教学有机融合等热门话题展开了激烈的讨论，进行思维碰撞，分享各区域电子白板走进课堂教学的经验，促进共同提高。其四，禅城区两位信息技术名师、特级教师进行了说课点评及如何进行电子白板深度应用。

跨学科、跨年段的主题式网络视频教研，在“异中求同”，共享各地优质资源的同时，通过深度交流互动与思维碰撞，创生出更优的资源，再服务于各地教师整个群体智慧的提升。

4. 远程同课异构

远程同课异构是指以网上视频互动的形式，不同区域项目学校的教师分别执教同一教学内容并进行研讨交流。我们通过视像中国项目邀请各地专家、教研员进行现场讨论引导、点评，同时还允许更多项目学校组织教师进行远程观摩。

我们与教研员合作经历了多次远程同课异构教研活动，在不断地反思与修改中逐步摸索出基本流程：选择内容、课例设计、视频互动、专家点评、互动交流。

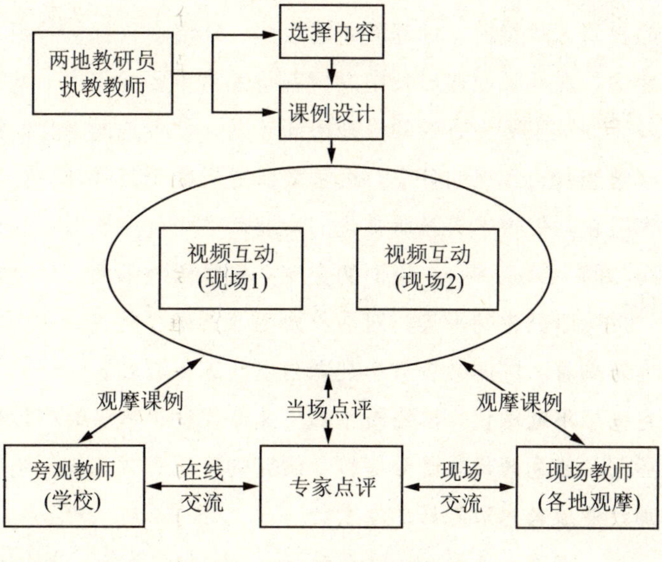

图 3-8　远程同课异构

案例：我们曾组织上海闵行和宁波江东为主会场，两地骨干教师进行同课异构，重庆、深圳分会场参与互动点评。其一，由笔者组织协调，与两地英语教研员沟通并确定执教内容为牛津英语六年级第二学期 6B Page72 Healthy eating。其二，两地执教老师根据本地特色、学校特点以及自己的教学风格设计教案，同时借助两地区教研员和区学科中心组成员参与教学设计和指导。其三，参与执教的两位老师分别在宁波和上海各自的远程教室里进行教学活动，利用网络视频会议系统的互动功能，使两地的专家和学校教师代表观摩交流，各校英语教师则在自己学校用旁观者的身份观看。课例结束后，两位执教教师进行课后反思。其四，专家点评重在课堂教学过程点评。此次活动，宁波邀请了市教研员乐伟国老师和区教研员进行精彩点评，上海邀请了初中骨干教师从中小衔接的角度进行点评。最后，四地参与教研活动的教师根据两堂课中相同内容不同策略、不同问题以及专家的建议进行反思和交流。其他学校旁观的老师则通过英语 QQ 群进行文字交流，将互动延伸到活动以外。

这样的"同课异构"网络视频教研为参与教研活动的地区教师呈现了两个真实可信、实时的、跨区域的视频课堂，参与教研的人员是多元的，除了本地的专家和教师，更有异地的专家和教师，凸显了资源的地域差异性，让各地教师足不出户，共享了两地优质资源。

与传统的教研方式相比，远程教研的主体、环境、目标、组织方式均发生了根本性的变化，在教师专业成长中发挥着越来越重要的作用。基于网络视频互动的远程教研创设了更为有效的异地协同互助，使各地的老师们结成合作共同体，进行教学经验、观点的分享；远程教研更有助于教师开展自我反思，更容易获得专家引领，促进平等教研文化的发展，享受优质资源；远程教研实现了跨区域、跨时间、大范围、多层面的交流，它带给教师的不仅是理论和专业技能的提升，贯穿于其中的平等、对话、协商、共享、共进、合作的教研文化也正在深刻地影响着教师的教育教学观念与生活工作方式。

随着教育改革不断深化，网络技术的飞速发展，远程教研将被越来越多的教师认同并运用，成为现代教师开展教学研究的重要方式，与传统教研互补结合，成为教师专业成长一对隐形的翅膀。

（宁波江东区教育研究与装备中心　许波）

巧借远程平台拓宽教师培训渠道

2008年10月，我校加入了南海区教育局电教站“视像中国”远程教育实验行列，建成了远程教室，透过网络视频，以远程实时互动的形式与香港、宁波等地区的学校开展教学交流、专题学习及传统文化交流等活动。“视像中国”远程教育项目以其“多媒体、实时、互动、共享”的跨地域、跨时空优势，为学校教师提供了对外学习的新视窗，成为学校开展校本培训的又一重要平台。

1. 点对点即时同步课堂，实现异地研讨，促进教研能力提高

由于远程教学不受地域时空的限制，使交流学习变得简洁方便。学校师生在远程合作学习环境中，可以随时随地与不同地区的学校开展“点对点即时同步课堂”研讨活动，实现异地听课、研讨。透过网络视频，学校教师足不出户，便可以与渝、港、粤等地区的学校教师进行教学研讨交流，了解不同地区的教学差异，有利于我们取长补短，提升自我。

2009年以来，我校与香港姊妹学校——啬色园主办可信学校、圣玛丽学校等开展了中文、数学、英语、科学等一系列学科的即时课堂研讨活动。

2009年2月24日，啬色园主办可信学校开展英语教研活动。由可信小学外籍教师执教，我校英语老师及五年级学生实时听课。课堂上，两地师生一起听课，师生互动对话，不同的课堂感受和资源分享，激发了孩子们学习的好奇与兴趣，拓宽了孩子们的视野，也令我们英语科组的老师感受到营造幽默和谐的课堂氛围对提高孩子积极参与学习、大胆会话所起的重要作用。课后两校英语科组的教师评课研讨，就教材异同、孩子英语水平差异的辅导等问题作了探讨。一次活动下来，教师们都深有感触，上一节让孩子们乐学的有效英语课并非难事，难的是我们是否能为孩子创造一个平等和谐的学习环境，巧妙地调动孩子们的学习兴趣与热情。异地教研引发了教师们的思考与对比，他们主动探讨适合自身实际的对策，并在课堂上实施。

2009年4月1日，我校与啬色园主办可信学校开展数学教研活动。我校潘老师执教，可信小学数学教师通过远程网络视频实时听课，课后两校数学组教师评课，共同探讨了数学课上的“解难”策略。

2010年4月，我校与圣玛丽小学开展了多次拼音教学研讨。由我校李秀敏老师执教，两校学生异地实时听课。课后两校教师对如何教学 z c s 和 zh ch sh r，以及 j q x 和零声母加 iu 的普通话正音课程进行了进一步的交流和探讨，香港圣玛丽女子学校教师谈到的他们在日常拼音教学中的做法，非常值得我们学习和借鉴。

我们与姊妹学校之间还开展了美术实时课堂教学交流、中华传统文化主题实时课堂交流等多项活动。由于远程交流是“点对点即时同步课堂”研讨，让我们教师的眼光不再隅于校内或本地，每一节课老师们都用心准备，仔细听，认真记录，思考，发言，这一切自然而然地促进了教师教研能力的提高，眼界大大地开阔了。

2. 参加远程专题培训，为专业提升增加学习机会

在教师的校本培训中，“走出去”是其中的一条重要途径，但因为受到条件的限制和各种因素的影响，很难使大多数教师在这一途径上受惠。远程视像学习，有效地推进了跨地区教育协作共同体的发展，为教师的专业发展增加了学习的机会。建立了远程教室，我们就可以让教师通过网络视像参加异地培训研讨，聆听专家指导。

2009年5月，我校骨干教师通过远程视像参加了由徐国静教授在宁波主讲的“我的月亮”教师培训学习活动。

2009年12月，我校全体语文教师透过网络视频，参加了深圳宝安区小学语文五段式培训活动。活动中，我们聆听到朱英教授《语文教师要有强烈的语文意识》的专题讲座，并观摩了宝安区一位青年骨干教师执教的《掌声》，参与了他们的“同行辩课”环节，了解了何为“辩课”。在辩课中，我校教师通过网络实时视频，参与讨论，大胆发言，提出自己的见解。培训活动结束后，同样执教过这一课的老师说：“如果我再上这一课，我会这样上……”这种引起反思的效果，正是教师培训中希望得到的。

透过网络，我们教师的专题学习跨越了时间与空间的限制，增加了学习机会，接触到更多的新理念，受到教师们的欢迎，提高了教师们参与学习的积极性。

3. 参加远程专题论坛，促教师理论水平提高

现代资讯改变着人们的工作与学习，科技让人的距离拉近。校内完善的网络及电脑设备让远程教室的建设更加成熟，为学校教师提供了更广阔的学习天地，不同地区的教师即使远隔千里仍可以作实时互动交流，真是“天涯若比邻”。

香港优质教育基金会建立联校秘书处，定期与内地教育部门联系，以论坛形式举办教学专题研讨活动。这样的远程教学论坛，使不同地区的教师透过远程视频，围绕一个教学专题进行研讨分享活动。这对于我们教师来说，是一个极好的学习与提高的机会。

2010 年 5 月 7 日，我校传统文化教学课题组及全体语文学科教师参加了由香港、南海、宁波三地组织的远程论坛《徜徉唐诗王国》。活动中宁波、香港以及我校教师代表依次发言，交流本学校在古诗教学中的经验，还通过视频即席进行唐诗吟诵表演。这种别开生面的研讨与分享活动，使我们的教师了解到了三地唐诗教学的基本情况，不同地区在唐诗教学中的特色。声情并茂的朗诵，更使三地教师深深地感受到了唐诗的魅力。通过本次论坛活动，我们的教师与香港、宁波的教师分享了开展唐诗教学的经验，博采众长，为我们今后更好地开展唐诗教学活动推波助澜。

当然，我们期待有更多这样的活动，丰富我们的学习资源，让我们在学习交流中碰撞出思维火花，让我们专业发展的天空更高远。

4. 参与课程拓展，提升教师的专业素养

2013 年 11 月开始，我们参与了“视像中国”远程拓展课程征集活动，与宁波外国语实验小学开展国画剪纸实时教学活动。这一课程的开展，既丰富了我校国画课程，又填补了我校剪纸教学的空白，更重要的是我校美术教师在远程教学实施中接触到了先进学校的教学理念与课堂风格，有助于他们专业素养的提升。

“视像中国”利用网络的优势，开展跨时空、跨地域的教育教学活动，使各地师生相互沟通交流，了解异地教育教学，相互促进提高。实践证明，远程教育这一平台，能有效帮助学校解决“走出去”的培训难题，让教师们在校内就能通过远程网络视频与香港及内地其他地区的学校教师接触，开展交流、学习和研讨，分享不同地区的优秀教育教学经验与理念，且学习内容和学习形式灵活多样，提高了教师参与培训学习的实效，拓宽了教师的视野。教师把所学、所思融入课堂教学实践，有所创新，自然就促进了教师的专业发展，达到提升学校教育教学质量的目的。

（广东佛山南海区里水镇旗峰小学　邓敏红）

远程视像互动为教师发展提供新平台

学校需要发展，学生需要进步，教师需要提升是教育永恒的主题。学生的成长依靠教师的指导和帮助，打造高效课堂、建设优质学校也离不开教师的共同努力，可见，学校教学的根本关键在于提升教师的素质。

如何打造一支高素质的教师队伍，让每一位教师能在学科专业上不断学习成长是关键，每一位教师都成为优秀的教师才能让每一位学生都能享受到优质的教育，最终才能有效地促进学校的发展。

1. 教师外出培训现状与困惑

我校是一所离城镇十多公里的农村小学，学校规模只有 21 个班，学生有 950 人，教师有 53 人。学校十分重视教师的培训提升工作，认真组织参加镇级、区级的教研活动，但由于交通不便，教师课时多、调课难等实际原因，教师外出学习热情不高，出现放弃外出培训宁愿在校上课的现象。学校也就只能安排科级组长 1～2 人做代表外出学习，再利用每周的常规科组学习时间，由外出学习的代表转达教改精神，分享学习心得。其中做得比较好的语文科组，他们一向重视作文的教学，积极参加镇街举办的作文指导课或写作经验座谈会，学习回来后及时转达，积极开展相关的措施，但学生的作文水平整体还是提升不大，直接影响语文学科教学成绩。

怎样有效解决语文学科的作文难题，有老师提出："如果全体语文老师集体外出学习培训然后再进行集体的学习分享，大家都接受第一手的资讯那效果肯定是最好的"！但学校外出安排方面难以让全体语文老师集中在一个时段外出学习，外出人数太多对学校的课程会造成很大的影响，学科培训如何全员参与一直困扰着学校教导处！

2. 新颖高效的"远程视像交流"培训平台

学校如何推动教师的专业成长，让每一位老师成为优秀的教师，寻找一种面对全体教师，学习工作两不误的培训方式呢？"视像中国"的远程视像交流为学校提供了一个崭新的培训学习交流平台，它有效突破了时间和地点的限制，真正实现了跨越时空，培训内容具有学科针对性、校际沟通互动效果好，是网络时代一种有效提升教师专业化成长的途径。

充分利用校园网资源，让先进的网络设备服务我校的师生。我校二楼的教师会议室就配备一套“视像中国”的设备，会议室环境好、空间大，在调音台的调控下远程通话交流，音响效果清晰，配上100寸的投影大屏幕，就是一个标准的“视像中国”远程视像交流平台。

2011年11月11日下午3:50，我校“视像中国”演播中心里人头攒动，热闹非常，两个巨大的屏幕正对一个讲座进行现场远程交流直播，全体语文老师怀着好奇而激动的心情参加了第一次远程培训交流活动。

这是香港著名的教育教学专家叶国洪博士所作的“五行思考法”应用于创意写作的中文科交流现场讲座交流会。参与交流活动的还有来自粤港两地的三所学校的老师，分别是香港东华三院邓肇坚小学、坪石天主教小学和保良局锦泰小学。叶国洪博士深入浅出地向老师们介绍了何为“五行思考法”及在作文中如何应用该方法。这是一种全新的教学理念，它根据儿童的理解程度，借用“五行”形象表达，是小学生进行“视艺评赏”及创作中较易掌握的一种简单而有效的方法，为我们提供了一种多彩、有趣的思维方式，叶博士还列举了数个运用“五行思考法”进行作文指导的例子，让老师们充分认识到这种方法应用的技巧，老师们现场进行互动交流，场面很热闹！

在整个交流活动中，我充分感受到老师们学习的热情、主动，更感受到他们对知识的追求、学习成长的快乐，这种感受在其他的培训上是没有的，远程视像交流就像为我们乡村的教师插上了一对隐形的翅膀，让老师们在学科专业知识的领域飞得更高、走得更远、收获并快乐着。

3. 远程视像交流培训，实效明显

(1)专家引领，少走弯路

“学习——反思——提升”是我校优秀的传统，在培训结束后的第一次科组学习上，潘老师组织大家进行“学习·分享·提升”的交流会，让老师们交流本次“五行思考法”学习体会，交流中大家都提到：远程视像交流模式既新鲜又有趣！通过网络视频互动，专家引领指导，分享优质的教学资源，对双方师生都是有益的。“五行思考法”应用于作文教学是一种新鲜有创意的做法，充分考虑学生的兴趣爱好，对我们传统的作文指导有很好的启发作用，在今后的工作中应结合学情，巧妙灵活地运用“五行思考法”引导学生进行创意写作，推进学校的作文教学质量！经过一年多的努力，作文教学取得了一些成绩，学生对作文产生了兴趣，不再感觉写作文乏味，而是争先恐后地要上新奇的作文课。

(2)跨越时空，资源共享

远程视像交流活动能多向、即时交流。从教学的时空看，远程视像交流活动突破了时空限制，真正实现了跨越时空，开展远程视像交流活动最大的优势在于：教师资源的分享，专家的指引，教师们在学校就可以接受高层次的专家级培训，还可以与粤港两地学校的教师实时讨论互动，有利于教师之间的经验交流，有效地提高了教学效益，这是我们传统教学所不能具备的！

远程视像交流的运用，使教师的视野开阔了、信息灵通了，变得“耳聪目明”，更具发展潜力，我相信老师们都能成为一名素质高业务强的优秀教师，拥有更加灿烂、辉煌的明天！

（广东佛山南海区西樵镇大桐堡小学　黎锡辉）

突破时空限制实现优质资源共享

1. 以“视像中国”网络视像平台为契机，实现优质资源共享

“视像中国”给我们带来最大的好处就是资源的广泛共享，主要表现在以下三方面。

(1)师资资源的分享

开展“视像中国”项目最大的优势在于：教师资源的分享。“英语学习”的分享更是师资分享方面具有代表性的。

作为一所普通公办学校，想要引进一些外籍教师，是非常困难的。但是，通过“视像中国”网络视频，我们可以很方便地得到香港学校的支持，不仅可以请他们的英语老师为我们学生上课，还可以请外籍教师进行英语教学，这正是一种最好的师资资源的分享。

(2)课程资源分享

通过网络平台进行远程网络课程，将城市优秀学校中的名师课堂和其他优秀教育资源传送到偏远的乡镇学校，实现优质教育资源的共享。

如上海闵行中学马黎明老师为我校执教的《音画交融——从具象到抽象》一课。尽管教师和学生的活动不在同一个课堂空间，但是借助于信息技术的有效支撑，师生之间可以进行有效的互动。这样的网络同步课堂，超越了时间的界限，突破了空间的疆界，让不同地区学校的学生可以“汇聚一堂”，在不同的教学方法中感受知识的魅力，了解各地的文化背景和思维方式，同时实现师生、生生间的即时交流和反馈。这样的授课方式在扩展学校教育资源的同时，也给学生们别样的课堂体验。

(3)活动资源分享

一个好的活动可以激发学生的学习兴趣，一个好的活动可以影响孩子很长一段时间。“实时辩论赛”“英语会话交流”“普通话会话课程”“科技制作”“主题文化活动”等丰富的网络视频交流活动，让学生开阔了眼界，提升了自信心，培养了合作交流技能与协商沟通能力，丰富了学生分享与承担的情感体验，促进了综合能力与素质的发展。

2. 依托“视像中国”远程视像互动研修，促进教师专业成长

“视像中国”利用远程视像技术，让各地教师在课堂教学、进修学习、专业素养等方面进行跨地域、实时、深入地互动和交流，共同发展、共同提高教师的教学能力与研修水平。

(1)跨地互动，能力提升

“视像中国”远程视像教研依托网络平台进行同学科主题论坛。根据教师在日常教学中最突出的问题，结合时下教育热点，组织教师开展专题研讨，以问题为导向，重在观点碰撞，产生思想共鸣。让身在异地的教师展示自己的教学观点、教学经验、教学困惑，让发达地区的教师“现场”把脉，进行针对性、互动性的指导。在远程教育合作交流过程中，各地不同文化背景的教师，围绕主题进行头脑风暴，视频互动、交流讨论，更有利于教师的认知和新的教育理念磨合、冲撞，形成新的知识结构。

(2)足不出户，提升专业

一线教师日常教学压力大，每天疲于备课、上课、课外辅导等，用在专业发展上的时间相对较少。尽管各区也有各级各类的研修活动，但对教师的专业发展也只起到了杯水车薪的作用。而像走出本市、区参加更高层次的学习，倾听专家学者的讲座几乎是不可能实现的梦想。

“视像中国”网络教研，打破了时空的限制，南海教师与上海、香港、英国等国内外教师建立了合作教研的平台，定期开展网络视像教学研讨会，在教材、课程、教学法等方面展开讨论，结成了远程协作共同体。不同教育理念的交流，通过“网络实时合作教研”和教师远程培训等方式开展教师的校际协作和研修活动，共同提高教师的教学与研修能力。教师在自我反思的同时开放自己，加强了教师之间在课程实施等教学活动上的专业切磋、协商与合作，共同分享经验，互相学习，彼此支持，共同成长。

(3)名师引领，实现共赢

在课程改革过程中，不少教师已经出现了职业倦怠或到了发展瓶颈期，许多问题亟待解决。广大教师急需“走出去看一看，请进来学一学”，以解决教学中的实际问题，提升研修能力，实现学生、家长、教师共赢的新局面。“视像中国”所拥有的丰富的资源正好可以弥补这些不足，让教师们足不出户，及时学习、及时充电、及时提升。“视像中国”在教育变革的呼声中应运而生，成为推动教育事业发展的重要手段，为降低教学成本、提升教学效率、强化师资力量、开拓学生视野、解决区域教育发展不均衡等问题上提供了全新的解决方案。

远程视像互动研修能让发达地区经验丰富的教师为我区的教师示范教学；让内地学生与发达地区的学生真实地交流；让发达地区的家长近距离地与我区的家长探讨如何辅导孩子的学习，这些都能最大效率、最低成本地实现家、校、生共赢。

在教学实践中，我们深深感受到：“视像中国”是技术提升教育的生动体现，它正成为促进教育内涵发展，促进教育均衡发展，实现教育公平的新天地。今后我们在区域交流、课程改革、教学研究和教师专业发展等方面的教育合作将更加务实、更加高效、更富有创造力！我们相信，以更加包容的精神、更加务实的应用、更加创新的理念和更加一流的服务，“视像中国”将带我们走向一片更广阔的新天地！

（广东佛山南海区西樵镇樵北中学　周雪映）

跨文化交流推动师生共同发展

剪影：2008年1月27日早上，南海区受北方寒流影响持续低温，室外气温只有4℃。当天，来自香港及南海区各中小学的代表齐聚南海区狮山镇官窑中心小学，在南海区教育局领导和黄宝财教授的见证下，佛山南海与香港区学校配对起航典礼圆满举行。

我校近年来致力于推行远程教学活动，与内地学校结对有助于增进学校之间的交流，包括学制的差异、教师的教学方法、学生的学习方法等。学校之间的这种交流能够使双方学校获益。

1. 资讯远程新年代

通过视像媒体和远程教学平台，学生可以利用网络进行学习，一方面可以让学生感受崭新的学习模式，另一方面也促进多元化的学习。香港与内地存在差异，两地的学生在不同的环境下成长，利用跨地实时教学，双方师生可以增进交流，优势互补，从而产生互惠互利的效果。

2. 两地文化互交流

透过远程教学，让我们足不出户就能够促进两地师生进行文化、艺术及思想的交流，拓宽了师生的视野，达到放眼中国、迎向世界的目的。例如在与沙头中心小学的配对活动中，我们看到了内地学生对表演的自信和热情，他们的肢体语言和面部表情给我们留下了深刻印象。在活动中我们还结识了内地的音乐老师，他们对音乐的热诚与执著让我们感动。相信通过这种交流必定能够丰富两地艺术教育的发展。另外，两地的教师还可以进行课程、学术及教学方法的交流，促进教师的专业发展。

3. 优质教学齐革新

“语境创设”“小班教学”“资讯科技”“外语发展”……两地教师为不同的议题，此起彼落地交流着。对两地教育政策的差异、课程改革的方向等问题的探讨点燃了两地教师对教育的热忱、对改革的决心，以及对策略的反思。香港和内地的教师以开放的态度，讨论课程的实践困难、政策优劣，不但成为大家合作的契机，更成为各学校自行改革的参考。两地师生在教学示范、师生共赛、齐度节庆、语文交流等多样化的学术交流活动中互相学习，进行教与学范式的创新。

透过光纤网络，我们可以进行跨地域、跨国界的交流，让师生走出校园，认识世界。假以时日，我们将踏进一个新纪元，发现网络教学及网络课程的突破与威力。

（香港李求恩纪念中学　徐式怡　林静诗　罗建洋　潘迈高）

中英文辩论比赛指导经验分享

深圳市南山外国语学校(集团)文华学校于2012年2月加入“视像中国”，此后，我们积极组织学生参与小学中英文讲故事赛、初中中英文即兴演讲赛、中小学中英文辩论赛和远程课程的相关活动，这种网络化的比赛活动和学习环境，让我们收获很多。

辩论赛剪影：2014年3月20日下午4：00，深圳市南山外国语学校(集团)文华学校对阵重庆市江北中学校的初中英文辩论赛准时开始了。本场比赛的辩题为：Intelligent robots will eventually become the friend of mankind。我校为反方，辩论队成员由王珏、高任翔、周珏琪、高任扬四位辩手组成，重庆市江北中学校为正方，双方通过网络视频，上演了一场唇枪舌剑的激烈辩论。我方辩手发言论据充分，语音语调准确流畅，仪表仪态大方得体。最后以552.5∶447的比分赢得了这场比赛，同时也赢得了评委和对方辩手的阵阵掌声。我方辩手高任扬同学凭着敏捷的思维、有理有据的辩辞和流利的口语表达获得了这场辩论赛的最佳辩手称号。在2014年4月2日下午4：00准时开始的小学英语辩论赛中，我校(反方)以532∶389的比分赢得了这场比赛，同时王翊丞同学获得了这场辩论赛的最佳辩手。

1.“视像中国”促进教师教学能力和水平的提高

辩论赛的辅导教师和学生不仅在激烈的比赛中收获成长，赛后的反思更能帮助他们进步。一是让师生认识到自身教与学中的不足。每场比赛一结束，在场的辅导老师就立即让学生先总结辩论中出现的不足，然后老师再总结之前辅导中出现的漏洞，根据不足之处，师生再各自调整自己的教学方法和学习方法，查找资料进一步充实自己。二是让老师有机会和更多的外校同行交流。比赛结束后，比赛双方的辅导老师、技术人员、联络员都会通过网络进行交流和沟通，你分享我的经验，我分享你的资源，不仅拉近了大家的距离，更提升了自身的教学能力和业务能力。

2.“视像中国”促进教师信息技术能力和水平的提高

在比赛之前，辅导老师会尝试让学生进行多次模拟辩论，但是为了让参赛和非参赛的学生都能够“亲眼”看到辩论中的不足，辅导老师会自己用摄像机把学生在模拟辩论中的一举一动都录制下来，再跟学生反复的“回味”，再调整，再练习，再模拟……反复很多次以后，辅导老师会尝试着把几次模拟中学生表现比较突出的片段截取出来，重新编辑成一个完整的比赛视频，让所有学生观看，再练习，再模拟，如此反复多次以后，辅导老师的视频截取和资料搜集的能力有了很大的提高。辩论赛用的是 AVCON6 平台，比赛之前技术人员要根据网络和设备的实际情况，进行音视频和网络参数的设置与调整，或者根据比赛要求与实际环境，购买一些新设备或配件来满足项目活动的正常进行。另外在比赛中，技术人员还需要临时处理一些突发故障，这无疑是对技术人员业务水平的一个挑战。因此，通过“视像中国”一系列的活动，不仅辅导老师的信息技术能力和水平有所提高，技术人员的业务水平也会有所提升。

3.“视像中国”提供了更多的专业发展机会

至今为止，我校已与沪、渝、鲁、浙、粤、港、马来西亚等地的学校进行过多轮的比赛交流活动。各地的语言和文化各不相同，各有各的习俗和传统，从这些活动中，我们发现要让孩子发挥应有的潜能，在日常教育教学中就必须给予他们足够的体验，这里的体验包括：网络学习的体验、课堂学习的体验、课外活动的体验、泛在学习的体验、自学的体验、体能锻炼的体验、社交的体验等。作为教师，要想为孩子提供这些体验的机会和舞台，就必须首先发展和强大自身，教师应主动了解比赛和交流对方的文化特点等，这就为教师提供了更多的发展机会，与此同时也提升了教师的国际化和多元化的文化意识。

从很多项目活动中，我们深深地感受到，“视像中国”开阔了师生的视野、增进了师生的网络化学习体验、提高了师生的信息素养与国际化和多元化的文化意识，促进了异地的文化交流……这些最终都指向学生的多元发展与教师的

专业发展。[深圳市南山外国语学校(集团)文华学校]

英语辩论比赛对学生能力素质培养的意义

《英语课程标准》指出英语教学应该着重培养学生以下几方面的能力：在人际交往中得体使用英语的能力；用英语获取和处理信息的能力；用英语分析和解决问题的能力以及批判性思维能力。在情感态度方面，英语教学应该培养学生“乐于与他人合作，养成和谐与健康向上的品格”。在学习策略要求中指出：应积极利用多种渠道使用英语，在真实交际中培养有效的交际策略……学会独立地获取信息和资料，并能加以整理、分析、归纳和总结，从而扩展知识，开阔视野，充实生活，更自觉地规划自己的人生。辩论从选题、组织到实施都充分体现了《英语课程标准》的上述要求。

辩论是一个“去粗存精、去伪存真、由此及彼、由表及里”的思维过程。辩论过程包括辩题分析、辩论的可能焦点和辩论的可能关键点分析、辩题破解、立论依据分析、攻辩方向分析及每一个论据之间的逻辑关系分析。这些分析过程都是与逻辑思维和批判性思维密切相关的思维活动。同时，辩论有助于培养学生的创造性思维能力。要想搜集并占用新材料，采用新途径和新方法，发现新问题和新视角，在表达方式上运用新策略和新词汇，立论有新意，这些就需要辩手们运用创造性思维去构建和实施辩论。这也是这些年辩论赛在社会、大、中、小学校日益蓬勃发展的原因。下面我就以下几个方面谈一谈辩论对学生英语能力培养的意义。

1. 辩论可以培养学生用英语获取和处理信息的能力，用英语分析和解决问题的能力以及批判性和创造性思维能力

目前，我国的外语教学普遍过分强调语言基础，重视单词、短语、语法等语言功能的学习，对语言的信息功能和思维功能不够重视，从而导致交际活动也缺乏思维性，没有达到促进学生思维能力发展的目的。而辩论正是一种思维方式、表达方式，即让自己的思维以逻辑的语言表达出来。同时，在组织辩论过程中要对大量的信息进行筛选，把握阅读材料的侧重点和中心点，培养了学生用英语获取和处理信息的能力，以及用英语分析和解决问题的能力。

以“视像中国”中学生英语辩论赛中的辩题 Peer pressure is more beneficial than harmful 为例。该话题可整理出一个价值型辩题“Peer pressure is more beneficial than harmful. /Peer pressure is more harmful than beneficial”，教学内容可围绕该辩题展开。该辩题涉及范围包括：同伴、同伴的影响、个性、自我、压力承受、心理成长等几大方面。下面从正方的角度来看辩论准备和辩论过程对学生思辨能力的培养与提高。

首先，学生要进行辩题分析，对该价值型辩题形成自己的立论，提出对同伴压力好与坏的评判标准。在这个过程中学生需要搜集和阅读大量的材料，并对这些材料进行分析、归纳、总结。这些活动锻炼了学生识别、定义、明确及阐释问题的能力：对同伴压力进行定义(同伴的定义和同伴压力的定义)(Peer pressure means the influence given by a group of people around you，such as，parents，friends，classmates，teachers and so on. Their influence will affect your attitude，behavior，conception or decision.)。利与弊该用哪种角度来评判？是证明好处大于坏处还是要证明同伴压力没有坏处或好处？讨论“Peer pressure is more beneficial than harmful”不等同于讨论“Peer pressure is beneficial or harmful”。从辩题中可分析出 Peer pressure 具有利弊双面性，究竟是利大于弊，还是弊大于利才是双方辩论的焦点。这也是辩题的现实意义所在。如果仅仅讨论 Peer pressure is beneficial or harmful 就是偏题或跑题。学生在分析解决这些问题的过程中培养了识别中心论题、比较异同点、澄清关键词之间的关系以及阐释、区分、确定相关信息等方面的分析思辨能力。

其次，学生要分析辩论的可能焦点和辩论的可能关键点。Peer pressure 的利与弊是同时存在的，这两方面对人的影响好坏、大小是由被影响人自身的个性特点、心理素质以及所处环境决定的。本辩题从学生这个主体、peer pressure 这个客体及人与环境关系的角度出发，辩论双方需要寻找 peer pressure 是利大于弊还是弊大于利的着力点或标准。双方可能都会从多角度多层次来论证本方观点。可能焦点：peer pressure 的特点；人的主观性能动性、综合素质在 peer pressure 面前的力量；peer pressure 影响的大小；正面影响与负面影响的比较；判断利弊标准等。反方可能以 peer pressure 存在的一些负面影响事实进行阐述，正方则可以从多角度阐述，重在对事实影响进行分析，论述这些事实产生的内在原因及这些事实跟 peer pressure 之间的逻辑关系，从而得出这些事实并不是 peer pressure 的必然结果。学生在分析这些可能焦点时，不仅要分析己方要辩论的焦点，同时还要分析对方要辩论的焦点，这些思维活动提高了学生的分析、假设、推理技能。

第三，辩题破解。正方认为本辩题的重点和关键是辩“利弊”的大小，即 peer pressure 的正面影响和负面影响。正方认为，判断 peer pressure 对人的影响是利大于弊还是弊大于利，标准在于 peer pressure 是否有利于人的发展。正方认为如果在负面压力面前能够坚持自己的原则，不受影响或在负面压力下学会吸取有用的东西，则负面压力也是对人的成长和促进。所以，无论是正面的 peer pressure 还是负面的 peer pressure 都能促进人的发展。因此，peer pressure 是利大于弊，破解辩题。在辩题破解过程中，学生的分析、总结、归纳能力得到提高。

第四，立论依据分析。强有力的立论需要有清晰的分析及推理过程，同时条理清楚、主次分明、具有深度和广度。而分析和推理的准确性、深刻性及灵活性离不开对中心问题相关概念和论据的评价，以及合理结论的生成。立论的每一项思维活动都是提高学生各项思辨技能水平的有效手段，对学生思辨能力的培养有着极其重要的意义。学生在准备立论的过程中需要进行资料收集及梳理工作，需要对自己立论的论点进行阐述、选择合适的论据对归纳的论点进行有力的论证或根据已有论据提炼出不同层次的论点。从立论过程中学生一系列的思维活动可以看出，这些思维活动提高了学生的推论、阐述、假设、论证等推理技能。在立论过程中，学生需要根据辩题类型及相应的立论规则提出评判立论的标准并阐述、论证该标准的价值，再根据论据及论证过程综合判断，从而做出结论，这使得学生的评价技能得到训练。

第五，攻辩方向分析。正方重点辩论同伴压力的正面影响，并论证正面影响大于负面影响，所以利大于弊。这需要学生搜索大量的资料，并对这些资料进行阅读、理解、分析、归纳，同时预测反方可能提出的论点及可能的反驳及回击方式。这要求学生能预测并在辩论过程中敏锐识别对方立场所处的价值系统、字里行间的假设、论点推导过程中所带的偏见及误导倾向，并且质疑对手提出论据的相关性、权威性及时间有效性。这些都是对学生分析、推理及评价能力的有效训练。

由此可见，辩论是一种培养学生分析能力和对某一观点进行反省的有效教育手段，同时也可以锻炼学生的语言表达能力、思辨能力，提高学生对社会的关注度。辩论有效地填补了英语教学中的“思辨缺席”，为英语老师在英语教学过程中对学生思辨能力的培养提供了一种操作性强的方法。

2. 辩论为学生创造了真实的交际情景，提高了学生在人际交往中得体使用英语的能力

英语是一门语言。语言的最大功能之一是交际。学生的口语交际能力，是在具体情境的实践中培养出来的，没有具体的情境，学生就不可能承担有实际意义的交际任务，也不可能有双向互动的实践过程。社会语言学家海默斯在“论交际能力”一文中指出“外语学习者仅仅获得语言能力是不够的，他们还必须获得交际能力，并用此来为社会服务”。而辩论正是给学生提供了真实的交际情景。在分析每一个问题，组织每一个论据的过程中学生都必须考虑在这种情景下应该说什么，在辩论中如何得体地去表达自己的观点。经过几场辩论赛的锻炼，每个选手在语速与语调的协调上都得到了快速提高，甚至形成了自己的风格，语言表达更得体，更具艺术性。同时对英语的使用能力也得到增强。因此，辩论是获得交际能力的一个好途径。每一次的辩论都是一个真实情境的交际过程。

3. 辩论可以培养学生的合作精神

《新课程标准》指出，在情感态度方面，英语教学应该培养学生“乐于与他人合作，养成和谐与健康向上的品格”。辩论不仅是个人才华的展示，一个优秀的团体能够脱颖而出离不开全体成员之间的默契配合。每一个论点的确立，每一条论据的搜集、整理、分析、归纳都是集体智慧的体现。整个辩论过程中，辩手之间必须默契配合，互相帮助。同时，每一次辩论也离不开大集体——班级同学的支持。赛前分工找资料，赛中为选手们打气、鼓掌与喝彩，赛后分享胜利的喜悦和失败的酸痛。辩论赛让学生学会合作探究，互相帮助。

4. 辩论可以扩展学生知识，开阔视野

在准备辩论赛的过程中，学生必须为自己的每一个论点找到依据。俗话说“台上一分钟，台下十年功”。为了“台上一分钟”，学生必须搜索大量的资料，进行大量的阅读，并在大量的资料中找到相关信息进行筛选、识别并归纳总结出自己的论点；而由于论点与论据之间的关系往往不是一目了然，同一论据可用于证明不同论点，同一论点也可以用不同的论据从不同的角度进行论证。因此，在搜集资料、处理筛选资料等赛前准备工作中，学生收获了大量的知识：辩论中经常出现俗语、谚语、箴言，引用各种资料和数据等。这使学生从书本中跳出来，开阔了眼界，使学生的知识结构更完备，看问题更深刻，不再停留于表面，也学会了多角度思考问题。

5. 辩论促使学生个性健康发展，形成正确的人生观和价值观

辩论可以增强学生整体的是非辨别能力，提升校园整体文化水平。俗话讲“真理越辩越明”。辩论的论题多种多样，例如：That E-books are the way of the future；That beauty will get you further than brains；That developed countries have a higher obligation to combat climate change；That mobile phones should be allowed in school；That cultural relics should always stay in their place of origin；Copyright benefits the arts；Going on line is more beneficial or harmful。

这些论题贴近生活和社会。在辩论过程中双方全面深入地分析问题，把事物的两面性充分展现出来，而听众在听的过程中随着双方辩论的深入展开思考，最终明白问题的实质。学生通过参与辩论学会了分析问题，提高了是非、黑白辨别能力，从而自觉规范自己的行为，提高了品位和素养，逐步形成正确的人生观和价值观，为规划自己的人生奠定基础。同时，浓郁的辩论氛围也使同学们日常讨论的话题更高雅，学校的整体文化水平得到提升，学会以理服人，使人与人之间更和谐文明。

综上所述，英语辩论对于学生的能力和素质的培养具有深远的意义。辩论有助于培养学生的逻辑思维能力、批判性思维能力和创造性思维能力。英语辩论是一种将本土思维与外国语言相结合的实践，它能帮助我们的学生在跨文化的论辩场合不仅说得出口，而且说得有内容、有逻辑、有道理。因此，将英语辩论适度引入英语教学，作为丰富教学活动的一种手段，不仅可以促进师生、生生的多边互动，弥补英语交际活动的缺陷，同时还可以将人文素质教育渗透至英语教学中，帮助学生提高动手实践、合作学习等方面的能力，促进学生的全面发展。

（广东省佛山市南海区金沙中学　罗倩）

经典国学远程教研活动实践分享

1.《弟子规》远程研讨活动的时代意义

(1)中华传统文化传承的呼唤

中华民族泱泱大国，五千年的中华历史，孔子的“仁爱”，老子的“道德”，庄子的“逍遥”，奠定了中华民族的精神脊梁。春秋时期诸子百家的“争鸣”，百花齐放的唐代诗歌，宋词元曲和明清小说，如同历史长河中涤荡下来的闪亮的珍珠，影响着一代代中国人。

反思现代社会传承经典的意义：旨在引领学生崇尚立德向善的价值取向、培育学生诚信关爱的人文情怀、守护学生天真善良的孩童本性。百善孝为先，“孝”是晚辈对长辈、孩子对父母要尽孝道，这些都是民族的财富，我们有责任将这些“财富”传承下去，不让它们消失在历史的长河中。

(2)“视像中国”技术平台的支持

随着技术的不断改善，借助“视像中国”平台开展远程研讨活动趋于常态化。本次《弟子规》远程研讨活动就是以微格教室系统与AVCON系统关联开展课堂教学的成功案例。“视像中国”活动前期，以单向授课为主，只依靠一个摄像机和几个无线话筒，无法准确地实施学生、教师、板书和课件画面的切换，多个学生同时发言时，声音的采集也有问题。那么采用微格教室系统与AVCON系统关联开展课堂教学的优点就在于：多路视频信号并存，能方便地在教师画面、学生画面、板书画面间切换，并增加课件和展台信号，可独立传输；不需要无线话筒，可实现教室内教师、学生、课件等声音同时传输。

(3)多地远程研讨活动的优势

2012年9月27日，就在孔子诞辰日前夕，深圳卓雅小学主持的《弟子规》教学交流活动非常成功。本次《弟子规》远程研讨活动就是顺延“弟子规”的教育话题，进一步深入开展课堂教学研讨。“百善孝为先”，本次活动选取了《弟子规》“入则孝”这一章节开展“同课异构”。由上海外国语大学附属闵行实验学校的朱伟强老师为栎木小学二年级的同学们执教，同时构课的还有深圳市南山区卓雅小学的赵小丽老师。本次活动的支持机构有：联校资讯科技学会、“视像中国”远程教育发展中心、上海市闵行区教育学院、宁波江东区教育研究与装备中心。本次活动由宁波市栎木小学承办，参加活动的有新加坡南洋小学、上海外国语大学闵行实验学校、深圳市南山区卓雅小学、佛山市禅城区大沥东秀小学、宁波市江东区栎木小学，江东区兄弟学校教师代表，还有来自宁波大学教师教育学院的陶志琼教授和她的研究生们。可见，本次同课异构活动促进了各地关于“弟子规”课堂教学的交流，同时进一步增进了各校继续深入地开展与实践“弟子规”教学活动的信心。

2.《弟子规》远程研讨活动的深入探索

(1)活动前的筹备关注目标性

作为《弟子规》远程研讨活动的承办方，我校在活动前做好了充分的筹备工作，使活动具有明确的目标指向。

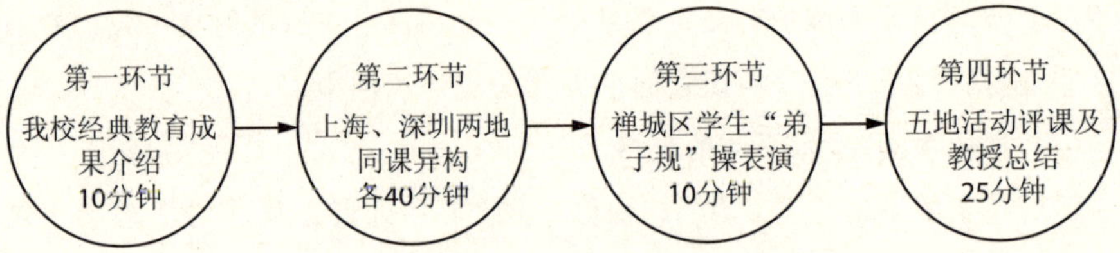

图 3-9 《弟子规》远程研讨活动环节

一是计算准确的时间节点。我们预计整场活动正常开展所需要的时间是80分钟左右。第一环节我校介绍经典诵读校本课程建设的相关成果，用时5分钟；第二环节课堂观摩共计40分钟，上海、深圳两地老师分别用20分钟进行课堂教学；课间穿插禅城区学生表演“弟子规”操；接着安排25分钟时间的五地互动评课，最后为专家点评。

二是确保技术的正常运行。为了确保活动正常顺利地开展，在活动开展前，我校技术人员多次进行了五地联测，活动当天各地的网管又都提前1个小时做联测，提前做准备，确保网络畅通。

三是明确活动的研讨主题。制定详尽的活动方案，上海和深圳两地的老师共同协商，选择合适的内容作为教学内容，并于活动前一周发给其他三地的联络人，为五地互动评课做好准备。

(2)活动中的研讨关注有效性

本次活动选取《弟子规》中“入则孝”的内容开展同课异构活动，分别由上海外国语大学闵行实验学校的朱伟强老师和深圳市南山区卓雅小学的赵晓莉老师执教。上海的朱老师通过“视像中国”平台，为栎木小学二年级学生执教，虽然相隔千里，但朱老师循循善诱，通过多种形式的引读，提供图片、创设情境，深入浅出地引领学生诵读“弟子规”。深圳赵老师的课堂生动活泼，充分发挥学生的自主性，让学生在生动的生活情境中自读自悟，感受如何对父母实施孝道。

上海外国语大学闵行实验学校的朱伟强老师制订的教学目标如下。

读准“入则孝”中“父母呼，应勿缓……亲所恶，谨为去”（第一至第七句）中生字的读音，认清字形，了解词义；了解句意并能正确诵读。

学习运用“唱读”这一轻松的朗读方式正确、清楚、流畅地诵读《弟子规》中的上述七句话，并能在熟读的基础上与老师和同学配合唱读，读中有乐。

懂得《弟子规》中上述七句话对当今学生学习如何孝敬父母的指导意义，懂得在实际生活中如何有所行，读中有悟。

深圳市南山区卓雅小学的赵晓莉老师制订的教学目标如下。

熟读并背诵《弟子规》中“入则孝”的前六句，体会古文韵味，初步理解这些经典话语的大意。

感受古人的孝敬，时刻以经典来规范自己的行为，学会孝顺父母，试着为父母做力所能及的事。

懂得要感恩父母，从身边小事做起，从现在做起，尊重父母、长辈和老师，自觉学习，做孝顺的好孩子。

比较两位执教老师的教学目标，我们不难发现，上海朱伟强老师的课堂教学凸显“唱读”的朗读方式，指导学生读中感悟。深圳赵晓莉老师的课堂教学则凸显育人目标，结合学生的生活实际感悟其中的意思。有了明确的目标指向，专家及观课者着重于从“教学目标”的落实来审视课堂教学，并以此展开研讨。两堂课最为闪亮的地方体现在朗读，孩子们朗读的句子正确、流畅，句句入心，朗朗的诵读声，声声入耳，令人心灵敞亮。

(3)活动后的反思关注实践性

两堂《弟子规》教学观摩课之后，由禅城区铁军小学的学生展示了精彩的“弟子规”操。学生们跟随音乐，一边吟唱一边应声而动，他们的表演给大家留下了深刻的印象。随后，新加坡南洋小学钟蔚芬校长对两堂课进行了精要的点评，同时与大家交流了南洋小学推进《弟子规》的做法和经验。南洋小学把《弟子规》的思想内容融入漫画，编制了图文并茂的校本教材，将“弟子规”的学习与课堂教学相结合，并渗透到各个学科。随后，上海闵行区教师代表、深圳卓雅小学的教师代表及栎木小学的应雀灵老师分别对两堂课进行了点评，最后由宁波大学陶志琼教授作总结，提升了本次活动的意义。

陶志琼教授在经典诵读方面颇有造诣，她对活动的评价更加关注实践性。

一是关于《弟子规》课堂模式的反思。

陶教授听了两位老师的课之后，将两堂课分为两种模式：朱老师的课称之为受动式课堂教学；赵老师的课称之为主动式课堂教学。朱老师的课是为小学生上的一堂古文课，内容是关于孝德方面的，教学流程如下：从讲解意思到教师示范，再到学生解读，然后借助配图来理解意思。这是一堂典型的语文课，朱老师处处落实语文课的教学目标，他要求学生读准字音，认清字形，采用多种朗读方式，如唱读式，加强学生语言能力的培养。当然，在教学过程中也涉及了一些德育的味道，也就是几位老师说的道德说教，苦口婆心地让学生理解“孝心”。赵老师的课则是一堂典型的德育课，她让学生理解内容，理解内容之后，指导行动。教师运用了角色扮演的策略，如赵老师自己扮演妈妈，与学生互动，让学生体验。

二是关于《弟子规》育人目标的反思。

语文课的目的在于积累、运用语言。孝德孝行课的目的不在于掌握德行的知识，而在于如何将这些孝德转识成智；如何把孝德的知识转化为道德行为；如何将这些孝德孝行转化为孩子的孝心孝行。在这方面，赵老师的课里体现得比较明显。有一句话叫“知易行难”，这样一堂德育课应当是一堂滋润心灵的课。怎样把一字一句转化为一种行为呢？树立一个榜样形象，两堂课都有所涉及，也是两堂课的成功之处。将孩子的孝亲心转化为孝亲情，让孝心发生，这是道德目标的落实。

3. 多地远程研讨活动的实践意义

(1)远程研讨活动关注资源共享

事实上，我校与上海外国语大学闵行实验学校开展“视像中国”远程课程交流活动始于2012年9月24日。本学期的课程交流主题是“走近《弟子规》”，而执教者正是上外闵实的朱伟强老师。朱老师亲切和蔼，风度翩翩，课堂上既有抑扬顿挫的范读、领读，又有结合学生生活实际的小故事，在引导学生准确诵读的基础上，穿插了文意的理解和为人处世的道理。听课的是栎木小学301班的学生，孩子们专心听讲，认真诵读，整个课堂参与度、活跃度都很高。“走近《弟子规》”的课程交流每周举行一次，我校还将借此平台开展全校性的教研活动，积极推进和深化学校经典诵读活动。

(2)远程研讨活动关注区域交流

当开展远程研讨活动的时候，参与活动的区域地域广，每个地域都有自己的教育观点和教育特色。为此，远程研讨活动在资源共享的同时，还求同存异，实现区域间的实时交流。本次“弟子规”远程研讨活动在筹备前不仅邀请了上海和深圳两地的老师同课异构，同时还邀请了一支多地合作的智囊团队。在互动评课环节，邀请到了新加坡、上海、宁波、南山、南海等地的教师代表参与点评和研讨。专家及观课者分别从“诵读策略”“礼仪教学”、教学目标预设及达成等角度进行比较并展开研讨。多角度、多侧面地观课、研课、磨课，增进了区域之间的经验交流与智慧分享。

近两年，“视像中国”平台开展了丰富的远程研讨活动：

2012年9月27日，深圳卓雅小学主持了《弟子规》教学交流活动。

2012年10月29日，宁波市栎木小学主持了《弟子规》远程研讨活动。

2013年4月18日，上海闵行区颛桥小学主持了“绘本阅读，悦读阅美”儿童绘本阅读“视像中国”研讨活动。我校徐畅老师也对这堂课作了精彩的点评。

……

(3)远程研讨活动关注教师成长

参与经典教育远程研讨活动促进了教师教育观的嬗变，促发教师的教育热情和创造激情，尝试并且收获了许多教育改革的优秀成果。

一是静：在经典教育远程研讨活动中养成沉静之思。在远程研讨活动中，受益颇丰的应该是参与研讨活动的教师们。通过这样的远程研讨活动，进一步促进了我校校本课程的建设，也增强了教师参与课程的意识。课程交流中执教《浣溪沙》的梅燕老师不断磨课，分别在“江东教育局与宁大教师教育学院合作成果展示”“嘉兴市教师培训中心教师技能培训班考察”“浙江省小学语文骨干教师培训班”等活动上执教，反复地磨课，提炼出了“体验式”诵读，促进学生言语认知发展的课堂教学策略。教师是有生命的课程资源，这种富有生命的课程资源具有顽强的内生性，可以产生比自身价值更大的教育价值，教师自身也沉浸在“书香”之中，逐渐形成静定的特性。

二是善：在经典教育远程研讨活动中养成育人之善。参与以经典教育为主要内容的远程研讨活动，极大地调动了教师的读书积极性。诵读经典，教师受到了人文的熏陶，自身的素养包括文化底蕴自然会发生良性变化。孔子的“有教无类”“因材施教”等教育理念，孔子与弟子之间友好相处、平等和谐的教学情景，逐渐走进了教师的教学之中。爱看书的教师多了，爱上网的教师多了，爱反思的教师多了。另外，学校教师间的互相关爱、互相帮助、互相切磋、互相交流已形成一种氛围、一种教师文化，让学校不单是学生成长的场所，同时也成为教师不断学习、不断提高、成就事业、实现价值的家园。

三是美：在经典教育远程研讨活动中显露气质之美。通过经典教育远程研讨活动，教师们的教育观念更端正，职业道德进一步加强。教师们耳闻经典，目睹经典，骨子里似乎也流淌着“经典”的血液，举手投足间显露出优美的气质。教师们的“美”也传递给了孩子们，班主任老师也深刻感受到我们学生心灵的变化。

（宁波市栎木小学　戴婷婷）

英语学科远程拓展课程交换实践分享

2012年10月，我有幸参与了我校和井冈山龙市小学开展的“视像中国”远程拓展课程交换活动。作为交换课程教师，每周五我都会为龙市小学的同学们上一堂英语课。通过“视像中国”这个平台，我结识了来自井冈山的青年教师陈志勤老师，经过不断交流和切磋，我们共同获得了成长；通过平台，我还认识了来自井冈山的可爱的同学们，他们单纯的眼神、好学的态度，都不断鞭策我更用心地上好课，从而帮助他们更好地了解外面的世界；通过平台，我也充分体验到高科技为传统教学带来的机遇和挑战，在一次次的教学实践中，我学习如何更好地使用多媒体辅助教学，不断提升自己的专业素养。感谢“视像中国”，它使我和远方的大小朋友们能够穿越空间，互动学习，分享交流，共同取得进步！

1. 博观而约取，慎思而笃行

远程拓展课程交换启动之前，我与龙市小学的陈志勤老师存有诸多困惑，于我而言对于当地学生和教材所知甚少，课程标准、学习目标、学生情况、教师要求等都需要一一搜集资料和学习，除此之外对于网络学习的利弊及可能产生的问题我们两位教师也需要有一定的预估。因此课程开设前，通过平台的视频会议系统，我与陈老师开展了多次交流，陈老师不厌其烦地帮助我熟悉教材，了解课程标准，明确教学要求，她还推荐了不少当地优秀教师的课堂教学实录帮助我直观把握当地英语教学情况，前期的大量资料查询与学习为网络课程的实施奠定了坚实的基础。

2. 纸上得来终觉浅，绝知此事要躬行

2012 年 10 月 12 日第一次网络课程正式启动，通过课程交换平台我认识了远在井冈山的同学们，我们彼此都怀着兴奋激动的心情开始了第一次远距离互动。通过第一次的授课，我和陈老师也发现了不少问题，例如学生不习惯教师的全英文授课、不好意思开口说英文、如何有效组织课堂英语交流互动活动，这么多的问题需要我和陈老师一一去攻克，它们也成了日后我与陈老师网络教研的主题，促使我和陈老师带着问题去研究、实践教学。

3. 行是知之始，知是行之成

带着许多问题，我和陈老师又开始了新的教学实践。

针对学生不习惯全英文授课的问题，我们发现主要成因在于平时的英语课中教师因怕学生听不懂而偏向于中文解释，导致学生依赖于教师的中文解释，因而我指导陈老师在日常课上使用全英文授课，借助身体语言辅助学生英文理解。

我与陈老师还协商开展“英语表达之星”的争星活动，鼓励学生敢于开口说英文，自信表达，每月一次在网络课程中进行表彰。

由于英语课是一门十分强调交流和互动的课程，因此教师随时需要根据教学目标开展形式多样的课堂语言操练活动，而网络授课的制约性就在于教师只能通过摄像头给予指令，无法有效组织课堂英语交流互动活动。针对这一情况，我认真分析了网络授课的利与弊，希望通过扬长避短的方式更好地开展教学。网络授课的利处在于学生对于我这个来自上海的老师和视频授课充满好奇和兴趣，因此每次上课的学习积极性很强，注意力也很集中。弊处在于由于空间的限制，教师无法很好的组织学生开展灵活的教学活动。因而我与陈老师商量将40分钟的英语课分为30分钟集体学习时间和10分钟自主学习时间，前30分钟由我通过视频进行授课，主要方式为集体操练，后10分钟则由陈老师授课，主要是组织学生根据所学知识开展丰富多彩的语言操练活动。如此尝试以后，网络视频授课的实效性大大提升，学生既体验到网络视频授课的乐趣，也能够获得扎实的课堂操练。我在过程中也深切领悟到无论技术如何发展，教学的根本和关键还是在于关注学生，以学生为本，只有以解决学生问题为本，我们的教育教学技能才能得到长足发展。

4. 互取所长，共同成长

为了能使自己的英语课更“接地气”，每周我都会同龙市小学的陈志勤老师通过QQ对于周五的课进行交流和探讨。刚开始陈老师对于如何利用语篇语段推进字词教学毫无所知，我通过上课演示，推荐书籍和优质录像课，帮助陈老师建立概念，摸清门路，渐渐地陈老师也能够独立创编文本，利用语篇推进字词教学，课堂教学效率也因此有了很大的提升。闻道有先后，术业有专攻，陈老师在字母教学方面十分有想法，她将字母与自然拼音相结合创编了许多朗朗上口的英语儿歌，不仅活跃了课堂气氛更是以形象生动的方式帮助学生学习和掌握字母的音和形，她的这种做法十分值得我们低年级英语教师学习和实践。虽然只是每周短短的一节课，但是通过“视像中国”这个平台，传递的不仅是课程，更是经验的交流和智慧的分享！

教师的专业成长源于教学实践，激发于教师在教学实践中的知行思的统一，为期一年的网络课程交换活动提供了我和陈志勤老师知行思的土壤。一年的教学实践虽然结束了，但关于如何将信息技术与传统教学更好整合的反思并没有结束，这些反思都将成为我下一阶段教学行动的依据。

正如上海七宝中学陈圣日老师所说：“‘视像中国’不是一次在线网络活动，也不是一次远程教育论坛，它是我们办学过程中实实在在的资源扩展；'视像中国'是一片没有围墙的校园，里面有你，有我，也有他。"希望有更多地区、更多学校及教师参与到其中来，让我们共同在项目参与中拓展教育视野，获取专业成长！

（上海师范大学康城实验学校　赵益）

美术学科远程教学活动实践分享

1. 上海闵行中学同深圳育才四小网络教学课堂实录

2013年11月21日下午，育才四小首次"视像中国"网络视频课程在电教室成功上线，六(2)班的孩子们通过网络视频互动，学习了一堂上海闵行中学马黎明老师指教的《具象和抽象艺术的肌理表达》美术课。

在"视像中国"第六届远程教育年会暨网络课程学习研讨会后，崔校长和翁主任带回了上海市闵行中学的优秀网络课程，并将课程推荐给美术教师。在学校信息组的倾力合作下，马黎明老师的远程网络课程《具象和抽象艺术的肌理表达》实现了与四小学生的"面对面"交流。

在音乐《荷塘月色》的伴奏下，马黎明老师用具象和抽象两种艺术形式进行"音画创作"，引发学生啧啧的称赞声。在他的带动下，学生们也动手尝试了"荷塘图"的创作，作品一蹴而就，"具象和抽象"轻松地在体验中被认识和理解。同时马老师在本次教学中还向学生介绍了吴冠中、毕加索和赵无极等艺术大师，通过大量的图片欣赏，激发学生对于具象和抽象的自然感受。

马老师在作品《小提琴》和《雨后》的对比欣赏解析后，从空间、透视比例、表现等方面让学生总结具象和抽象的区别，接下来的"冷抽象"和"热抽象"更是引发本次课程的创作高潮，在同学们意犹未尽的时候，美术课已经进行了两个小时。马老师提出"音乐是有声的绘画，绘画是无声的音乐"，多次赞扬我校学生的现场创作大胆、富有张力，期待下一次的课堂共享。

"视像中国"远程网络课程平台将优秀的省外甚至是国外的课程与项目成员学校分享，使孩子们的学习真正跨越了时空限制，实现了"网络走课"！

2. 教师对接网络教学的体验感受

(1)网络教学对接的准备工作

在这次活动中，上海的马黎明老师通过电话与我进行了数次沟通，先沟通上课时间，周四下午的 2:30—4:30，而我们下午的上课时间是 2:20—3:00，为此，我同办公室翁主任进行协商，主任马上申请教导主任对我的课表进行调动，去配合网络课程的教学时间。然后沟通上课的学生和材料，马老师列出上课针对的年级段和水溶油画棒，确定好班级后，班主任吴老师大力支持，班级家长也为学生能获得这样难得的学习机会而感到高兴，每个孩子都准备了两套工具以备使用。接下来是上课教室设备的两地调试沟通，上海方面有专门的信息电教老师同我校的电教中心老师进行电话、QQ 对接，大家利用上午和中午午休的时间进行调试。最后终于迎来了这节别开生面的美术课，学生们屏着呼吸进入教室，小心翼翼的整齐坐好。第一次接触这样的课程，我同孩子们一样新奇，兴奋。

(2)对课堂教学的思考

视频音像中，马老师热情地跟同学们打招呼问好，孩子们也对千里之外的老师格外青睐，一开始就建立起良好的师生印象。马老师在讲述中一直以示范为主，颜料堆积，刮画刀涂抹，手法大胆娴熟，令我们瞠目结舌：抽象作品的创作奔放活泼，马蒂斯的野兽派风格赫然纸上。音画创作是课堂的第二个亮点，整体来看，本堂课的内容丰富，课堂用时两个小时，是学生日常课堂的三倍时间，但是学生一直融入其中，倾听、互动、体验、展示和交流，乐此不疲。

我还感受到，要上好一堂网络教学课，授课教师在课前的材料搜集，视频制作，现场演示等方面都要进行精心的推敲和模拟尝试，正所谓“台上一分钟，台下十年功”。马老师的基本功扎实，对综合形式的美术研究充分，这不仅仅是一堂课，更是一个精彩的校本教学缩影，值得我们借鉴和学习。我们每个老师都应该对校本教学内容进行深入剖析，整合资源，这样才是精品课堂的打造，才能成为学生最优的学习资源。

(3)学生的收获

张睿涵同学是跟马老师对话次数最多的孩子，也是班级的“钉子户”，他对马老师在课堂上使用颜料堆积和刮胡刀感到很佩服，特别是马老师精彩的作品创作过程彻底征服了他，而张睿涵创作的作品也受到了马老师的赞赏。课后我将学生的作品汇总，转为 jpg 格式通过 E-mail 传给马老师，另外学生的作品还在校园网站上进行了报道。以下分享部分学生对这堂课的感受。

蒋菁菁："第一次通过视频上课，觉得很新鲜，所以听得特别认真，马老师讲的内容很专业，他介绍的毕加索创作马的过程，让我感受到艺术的变化，不是最复杂就是美，有时简洁的线条感受更能打动别人。"

张楚："在听音乐画画的过程中，马老师一直通过摄像机关注着我的绘画过程，并且在视频的另一端给我指导，我刚开始只是听着音乐画一些线条，画完后，只想到在里面涂颜色，后来马老师指导我可以让线条交叉丰富，我创作的时候更大胆了，作品也很满意。"

干峻岩："我特别喜欢马老师创作的《荷塘月色》，虽然是乱乱的，离远看却能感受到用色块表现出的池塘印象，色调是粉红和绿，相得益彰。因为我在画画的时候总是画不准确外形，所以干脆在听音乐创作时候采用印象绘画的形式，我对自己的作品很满意！"

学生们通过这节课，接触到了新型的美术学习方式；并在丰富的内容中获得了全新的学习体验，激发了创作灵感，创作出了优秀的作品。这样的课堂不仅拓宽了学生学习的广度和深度，更给学生学习美术的兴趣增添了浓厚的一笔。

（深圳育才四小　崔盾盾）

"视像中国"第六届远程教育年会有感

金秋十月，我跟随南海区电教站组织的学习团来到了井冈山，兴致勃勃地参加了"视像中国"第六届远程教育年会——网络化课程与学习研讨会。

10月19日上午8点30分，"视像中国"第六届远程教育年会正式开始，此次年会的主题是"学习无边界"。在两天紧张的会议和学习中，进行了多项教育交流的议程和学习。

1. 聚焦网络化学习与课程

在一系列的致辞颁奖之后，来自中央电教馆的王晓芜馆长开始了"聚焦网络化学习和课程"的主题演讲。首先，王晓芜馆长充分肯定了"视像中国"项目的开展，因为它不以盈利为目的，旨在让更多中小学参与进来，共享优质教育资源。他提醒我们要更关注"视像中国"的核心价值，它能够满足孩子们个性化发展的需求。对此，我们作为教育者，应该有一种开放的心态和视野。他提到，“视像中国”远程教育是一所没有围墙的校园，而最好的教育（学习）正是“社会化教育（学习）”。“视像中国”这个网络化课程项目像一个“社会化教育资源库”一般，能够最大化地推动学生个性化发展。为什么说是“社会化”，是因为它能够突破单一地区的限制，为不同地区的学生提供多元的学习平台，让学生可以平等的交流与学习。此外，这类网络化课程的开展，不但是学生之间的交流，教师的资源共享和交流也可以通过网络化的方式，从而得到能力的提升。特别是对于一些比较僻远的地区，城市与乡村的距离很远，但网络却缩小了这段距离，使我们的心和视野可以拉得很近。

以天津为例，一所高中所能够开展的选修课也许真的很少，但是一个区教育局乃至一个市教育局如果能够善于把每所学校的选修课综合起来，那么在这个地区内的学生就可以突破学校的限制，选择自己所感兴趣的选修课进行学习了。有意识地利用网络课程平台，能够为学生提供更丰富的学习机会。王馆长还举了一个生动的例子，在他看来，文学大师季羡林老先生之所以能够成为一位学贯中西的文学大家，是因为他在学习的时候就处在一个学习资源十分丰富的环境里，正因为最大的个性化资源满足了季老先生极大的个性化需求，才成就了他这位大师。季老先生的那个年代都已经能够拥有如此丰富的个性化资源，那么在信息化如此膨胀而发达的今天，我们何不好好利用网络这一工具，为我们的孩子搭建一个更广阔的学习空间呢？

2. 网络化学习与管理交流

在此次会议中，我了解到，网络实时辩论赛仅仅是庞大“视像中国”项目的冰山一角。其实，利用网络平台，“视像中国”还开发了许多课程项目。在下午的“视像中国”各区域发展经验交流中，我更加深入地了解了各地区教育局及学校充分利用“视像中国”平台所做出的种种尝试：如跨区域、跨学校的课程交换；又如天津市在全市范围内利用网络平台构建起来的高中选修课知识系统，让学生可以凭自己的兴趣爱好选择自己感兴趣的课程进行选修。这些尝试不但打破了时空的限制，让学生领略到不同地区学校优秀的教学资源，同时还为教师们提供了一个更加开阔的展示空间。再如深圳市南山区教育局，他们利用网络平台开展区域内的“校园 NO. 1”项目，让区内每所学校把学生生活和学习中的一些琐细环节作为竞赛项目，如一分钟跳绳最多、一分钟内口算最多等，通过现场录影(手机或其他摄像工具)的方式形成视频，上传到对应竞赛平台，由区内统一审核，审核通过后颁发证书。这个项目不但丰富了学生的课余生活，同时通过这类极限竞赛，可以激发学生的兴趣，开发学生不同方面的天分，增强学生的自信心。而回到我所熟悉的南海区，来自大沥东秀小学的陈校长就他们学校开展的“国学大讲堂”和“经典诵读”网络课程向我们介绍了他们的实施经验。

3. 聚焦翻转课堂与数字化学习

在第二天上午“聚焦翻转课堂与数字化学习”的讲座中，上海市教委基教处处长倪闽景老师利用他手中的平板电脑生动精彩地为我们展示了“翻转课堂”的概念及其意义。在新时代的课堂教学中，“资源＋互动＋学习分析”已成为发展的主流，如果我们的教学还局限在单向的教师现场口述而得不到学生的互动与反馈，那么我们的课堂效率并不会高。倪处长在现场为我们亲自演示了如何用平板电脑进行教学的过程，他运用 App Store 中的一个 App 来展示“最大公约数”的求解过程，在其 1 分 20 秒的演示里，不但将求解过程讲得很清楚，同时还完整记录下整个讲解过程的画面和声音，以便学生重复学习，另外再配合几个相关的小游戏，寓教于乐。在倪处长的发言中，他重点强调了“反馈”功能，教师能够通过学生手中的平板电脑，及时了解并掌握学生的学习情况，并进行相应的课程调整，特别是对于理科课程的学习，这种及时反馈效果明显。我认为此功能与我校推广的“电子书包”类似，如果我们继续用好“电子书包”看似曲高和寡的新型教学资源，会给我们教师的教学和学生的学习带来一个质的飞跃。

在讲座中，倪处长还向大家解释了“为何我国的基础教育总在怀念过去”这个问题。看着医疗界日渐长足地发展我们望尘莫及，教育界却总在怀念过去的课堂与教学方式，这是因为我们深陷在传统的教学方式与体系中，排斥引进新的技术，教育者自身也安于现状不求变化不肯接受新鲜的事物，使得教育界长期以来的发展一直处于滞后状态。适时改变心态，以更开放、更包容的心态去看待技术及其对教学的影响，或许会给教育带来一场变革。

4. 网络课程观摩与现场教学展示

第二天下午我们一行人来到了井冈山博物馆，在讲解员的带领下，我们了解了井冈山的历史文化，并参观了由井冈山博物馆创设的进行远程教学的录播室。在开设“井冈山历史文化”网络课程之前，由于受到时间和空间的限制，这方面的文化只有身临井冈山的游客才能亲自领略到。然而，这一局限因为“视像中国”而得到了突破。通过数字化的平台，博物馆的讲解员们可以化身为一位“历史老师”，通过实时网络课程为来自不同地区不同学校的学生上课，这类课堂可以是概括性极强的讲座，也可以是由10～12节课组成的系统性网络课程。通过一个小小的摄像头和一个电脑屏幕，在三米见方的小空间里，“老师”们可以向学生绘声绘色地讲解历史，还可以随时与学生交流互动，仿佛是一个真正的三维课堂。“井冈山历史文化”网络课程的开发，为我们推广乡土课程及校本课程提供了一个很好的范例，有了这样一种方式，可以让乡土课程和校本课程不必再局限于固定的区域和纸张上，而是能够通过网络以多样的方式推广到更多的地方。

5. 小结

两天紧张的会议，当中还有来自北京师范大学的李玉顺博士带领着他的研究生团队，向我们展示他们在网络课程开发与实施过程中的探索和思考。另外李博士还向我们介绍了现有的几个大型网络学习平台，如TED、可汗学院、ETwinning跨校互动等，这为我们进一步体验网络化学习提供了优秀的资源。此外还有“视像中国”发起人、来自香港中文大学的黄宝财教授所做的关于“聚焦数字化学习行为与方法研究”的主题讲话。

四天三夜的井冈山之旅很快结束了，除了有幸欣赏到井冈山沿途秀丽的山水之外，更多的收获是来自于两天紧张的会议学习。起初，我还曾一度怀疑，这类关于“网络化课程”的会议是不是更适合于计算机老师来学习观摩，而不是我这个语文老师。然而，经过学习，我渐渐发现了此次会议的重要性。因为教育信息化与网络课程的推广不应只是计算机老师的责任，这种将教学资源最大化、尝试改变教学方式的探索，应该贯穿在我们每一位学科老师的身体力行中。我还深刻地体会到了此次会议主题“学习无边界”的内涵，是的，作为教育工作者的我们，不应只局限于我们所在的区域，而应以一个开阔的胸怀面向更广阔的世界汲取知识，并要敢于大胆创新，利用手中的信息化工具投入到教育改革的实践大潮中。

（广东佛山南海区南海中学　黄晓琳）

第四章　跨越围墙之后的学生风采

深入了解这所没有围墙的“大校园”，可以看到它的努力更志在提高学生的综合素质。自由选题的交流让同学们感受到不同文化背景的思想交锋；唇枪舌剑的辩论赛让同学们完美地展现不同的思维方式，演绎着跨文化交流带来的冲击；一年一度由香港同学陪伴在维多利亚港湾开展的文化交流夏令营，更是让国际化人文素养和中华传统文化素养如涓涓细流浸入每一位参与者的心田，润物无声……

学生成长是“视像中国”项目的终极目标。本章选择了来自项目参与区域、参与学校的多位同学，分享他们参与“视像中国”的点滴故事、体验和感悟。

辩论演讲收获多

辩论比赛促我成长

2013年，很多人的人生转折点，也是我的一个转折点。在这一年中，我们学校参与了“视像中国”的比赛，而我很荣幸地成为了学校辩论队的一员。在这个紧张而充实的比赛过程中，我跳出了原本单调的学习生活，能力得到锻炼，视野得以开拓，人生也多彩起来。

1. 紧张有序的开始

2013年3月，那是充满紧张忙碌，却又充实而快乐的一个月。当老师向我们宣布，要开始为第二场比赛进行训练时，说实话，我当时心里没底，手心全是汗，我是第一次参加这种辩论赛。但很快，这种情绪就被我的伙伴们安抚下来了，他们一遍遍为我打气。我这种情况还算好，当时我们辩论队里，临时插进了一名男生，他总是把辩题的观点说错，老师纠正了好几次，他自己急得眼泪都掉下来了，我们看在眼里，急在心里，真有些不知所措。我明白他为什么急得哭，他是在责怪自己，认为自己拖了大家的后腿，让我们不得不重新开始训练，说到底就是自责。其实，有时候，我也会产生这样的情绪，感到不安，生怕读错一个字，但最后我选择勇敢面对自己的错误。

气氛一下子变得紧张起来，六年级的一名学姐站了出来，她对我们说：“不要哭了，我们这样子怎么取得胜利，还有什么希望可言，不就是读错了吗？我们现在对辩论稿还不够熟悉，多读几次，读熟了，就不会犯这样的毛病了。加油！”被她这么一说，我心中轻松多了，也劝导那位同学，他似乎也想开了，紧绷的小脸挤出一丝笑容。“学姐说得对，我们应该好好熟悉一下稿子！”说完，他率先开始，我们也不甘落后，认真地开始练习。我们利用早自修、中午以及课后的时间聚集在一起讨论，反复练习，站在对方辩友的立场上进行反驳，回家也不忘打开电脑搜索有关资料。在各位语文老师的指导下，我们很快提升了自己的语言技巧和临场发挥能力。

2. 第二场比赛的完胜

我们这一次的辩题是“做比说更重要”，对手是宁波市的一所小学，我们作为正方，在短短3天时间内进行了紧张的准备。“这次的辩题，我们所占据的优势很大。虽然如此，但辩论赛中会发生任何可能，谁也不知道最后会花落谁家，所以不能太骄傲自满。我们要听清楚对方辩友所提出的观点，找到他们的漏洞。并且千万不要提出‘只说不做’的观点，不然的话，就会被对方辩友抓住我们的漏处，证明了我们的偏题。他们会这样反驳，‘对方辩友，我方并没有说只说不做，我方只是认为，说比做更重要，你们有偏题的嫌疑’。所以，不管发生什么，都不要提出这个观点，你们明白了吗?”“明白!”这是老师在比赛前跟我们总结出来的问题。

由于技术故障，比赛一度推迟，我们说说笑笑，冲淡了屋里的紧张气氛，2:50分左右，比赛开始了。我作为正方主辩，首先阐述了我方的观点；再者，抛出多个例子说明我方的观点；然后，提出问题；最后，再次重申我方观点。我方来自六(2)班的一副陈颖诗同学一番颇有气势的反驳首先给了对方一个下马威，我方来自六(2)班的二辩胡小丽也表现得很出色，最后，我方来自五(3)班的陈婉婷同学作了精彩的结辩，为我方发言画上圆满的句号。

在等候成绩公布的时间里，我们好像度过了一个世纪。终于到了公布的时间了，“沙溪小学以2∶1，领先宁波市的小学，我宣布：本次辩论赛，沙溪小学获胜!”“哦！我们赢了!”我们如疯子般相互击掌庆祝。经过不懈的努力，我们第二场比赛取得了大完胜!

（广东省佛山市南海区大沥镇沙溪小学601班　张嘉怡）

感受辩论的魅力

经过四节辩论工作坊，时间虽然短暂，但却给我留下深刻的印象。起初，我对辩论完全是一窍不通。透过不同渠道，我开始对辩论产生兴趣，并接触它。后来，我遇上一个非常难能可贵的机会——正式的辩论工作坊。一踏入红蓝电视台，我怀着期待的心情，坐到椅子上。在灯光的映照下，我目不转睛地看着荧幕上的老师讲解屏幕上的简报，仔细聆听及思考着。原来辩论有无穷无尽的乐趣！我中间也会写笔记，将重点一一记下。到第四节的辩论工作坊，老师讲解了不同辩论员的工作和特质，大家都议论纷纷。过了这四节的辩论工作坊后，我已对辩论产生了浓厚的兴趣，并对它颇为熟悉。我希望能够在辩论场上比赛，让我尝试一下比赛的滋味，在小学的阶段留下美好的回忆。

在上课前，不但是我，很多人都会想到辩论只是用来与人吵架的一门技术。幸好，我能够参加这次的工作坊，让我学到不同的辩论技巧，令我对辩论的看法改观了，更明白到辩论的深层意义。课堂上教的技巧，不但能在辩论的“战场”上使用，还可在生活上用得上呢！正所谓：“一理通，百理明”。

多谢老师的教导，令我获益良多！

（香港培正小学　单允聪　罗希贤）

即兴演讲比赛有感

2012年3月，经过学校内部的比赛选拔，我代表学校参加了本届网上实时埠际辩论比赛初中即兴演讲中文组比赛。虽然在筹备比赛的过程中充满了紧张和忙碌，但是却格外充实，从这次比赛中收获了无价的经历和多方面的历练。

这场赛事的规则是：每个参赛学校推选一名选手参加比赛。赛前不提供任何有关比赛内容的信息，在比赛开始后由选手随机抽选演讲题目，经过三分钟的准备，现场即兴进行演讲，评审团现场进行点评和打分，最后根据各组比赛选手的得分高低评出最终获奖名单和奖项。

3月23日下午4点，即兴演讲比赛正式开始。我抽到的题目为：听比说更重要。三分钟的准备时间结束后，我便开始了长达5分钟的即兴演讲。刺眼的黄炽灯打在奶白色的衬衫和身后湖蓝色的背景上，全新的比赛形式带来了全新的挑战，5分钟的过程，对于我而言显得那么漫长，我努力让自己平静下来，快速调动大脑中存储的有用信息，用灿烂的微笑和从容的姿态展现着应有的自信，根据同学的时间提示，在最后一秒钟完成了我的演讲。最终，我获得了一等奖。虽然在旁人看来，已经算是很不错了，评审团主席也给予了较高的评价，但是相比平时的表现，我对自己的发挥还是不太满意，深切地感受到自己在平时的知识积累和锻炼方面做得还不够。不过能有这样一次精彩的历练，我收获到了很多。无法提前准备的即兴演讲，以及网络虚拟赛场的现代化比赛形式，不仅考验选手的语言表达能力和现场表现力，更挑战选手的临场发挥能力和思维的敏捷性，同时也比拼选手的知识面和信息吸收能力。

通过这次比赛，我亲身经历了新颖的网络比赛形式，使我的知识面得到了极大的扩展，对演讲和辩论的兴趣更加高涨，也更清醒地认识到自己的不足和努力方向。我相信，比赛所激发出的热情和学习的动力，将推动我更加努力地汲取知识，增长见识，争取在今后的比赛中取得更好的成绩。

（深圳南山 冯夕雅）

文化交流夏令营

记 2013“视像中国”文化交流夏令营

随着人们物质生活的日益富足，在暑假里让孩子参加各种夏令营活动，已成为一种趋势，同时很多家长也都抱有让孩子“读万卷书，行万里路”的想法，使学生夏令营有愈演愈烈之势。可是面对种类繁多、琳琅满目的各式夏令营，家长和孩子应该如何挑选，才能让孩子度过一个开心又有收获的暑假？让我们跟随一组镜头去看看在香港举办的“视像中国”远程教育项目文化交流夏令营活动。

1. 课程决定品质

镜头一：在香港王华湘中学的会场里，一位长者正在给一群从小学二年级到高二的学生讲述如何学习英语。瞧，一群孩子时而侧耳倾听，时而若有所思。二百多个孩子的会场上鸦雀无声，长者幽默的语言、深入浅出的讲解深深地吸引着每一个孩子。

这是一个怎样的夏令营？为何一群年龄差异这么大的孩子能够如此认真的听讲座，且互动氛围如此热烈？原来，这是由“视像中国”远程教育发展中心和香港远程教育学会联合举办的文化交流夏令营活动。200 多名营员分别来自香港、上海、宁波、青岛、井冈山、佛山项目区域。为孩子们做讲座的教授就是“视像中国”远程教育项目的创始人——香港中文大学黄宝财教授、现任香港恒商管理学院副院长。夏令营的课程就是由黄教授带领的香港一群热爱教育事业的校长和老师，精心架构出的能培养孩子潜能的精品课程。

夏令营的品质在很大程度上由课程品质决定，换句话说，教育目的是夏令营最本质的特征，尽管这种教育可能是潜在的、了无痕迹的。“视像中国”教师团队为营员们准备了一道怎样的课程大餐呢？本次为期一周的夏令营课程：除了听黄教授讲如何学好英语，掌握学习英语的方法外；还有参观科技馆亲身动手操作与实践；学习香港拓展课程，去长州岛实践考察；参观香港中文大学，感受高校文化；玩转迪士尼乐园，体验每个孩子心中的童话王国。这样的课程充分体现了动与静、课内与课外、理论与实践结合，孩子们在快乐中体验课程，在体验中收获成长。（具体课程见附件 4.1）

2. 无私体现公益

镜头二：一位背着旅行包步履轻松的老人从夏令营的开营到闭营，始终默默地做着服务工作：排住宿，发门票，搬桌子，所有的活都干，不停地为二百多位营员服务着。他就是香港联校资讯科技学会的梁锦松老师，作为“视像中国”远程教育项目的核心成员之一，他每年都参与夏令营的策划和组织工作，现在他退休了，仍然坚持来担任夏令营的义工，他说喜欢看到香港的孩子和内地的孩子一起交流、学习。

这次夏令营是近几年人数最多的一次，为了充分保证组织有序，负责设计本次夏令营的召集人陈圣日老师，还和梁锦松老师一同实地探讨行动方案，从大本营的住宿安排、到地铁线路的时间预估，从近在咫尺的王华湘中学会场安排、到远在长州岛的考察地点，他们逐个确认路程时间和可能出现的问路点，把这些关键信息全都一一列在手册中，小小手册图文并茂，虽然言简意赅，但是营员们总是在最需要的时候可以获得直接而实在的帮助。

参与到夏令营活动中的香港老师和校长还有好几位，但因为这是公益性质的活动，所有为夏令营做服务工作的人都没有任何的报酬，都和梁老师一样在担当义工。尽管这样，他们每年总是能乐意坚持这样干着。本次夏令营活动的组织管理者、上课教师均为义工，夏令营的会场由王华湘中学免费提供，所有带队教师的费用均由各个领队教师单位负责，所有活动资料均由组织方提供，学生仅负责自己的交通费、住宿费和生活费，充分体现了活动的公益性和物超所值，受到了学生家长的高度肯定。

3. 开放促进磨炼

镜头三：一群孩子拿着夏令营手册在地铁站的入口处研究如何乘地铁，而带队教师跟在队伍的后面关注着；一个领头的学生正紧张地数着自己一组的组员是否到齐。

可以说这是一个开放的、自助式的夏令营，既没有大巴车在宾馆门口恭候光临，也没有任何导游带领，一切全靠孩子们用夏令营手册做指引，乘地铁到达活动的场地。这样的方式，想带给孩子们什么？首先，希望孩子们用眼睛、耳朵感受香港，融入香港的生活中，这样才能亲身体验香港的社会文明，从而感受到香港这座充满了浓郁人情味和高度文明感的城市。其次，夏令营还希望锻炼每一个营员的自理能力和生存能力，让孩子尝试完全不同于家庭、学校生活的经验，让几十个孩子聚在一起，学会独立，学会团结，收获成长。

各地带队老师几乎都是带着忐忑的心情在接受这样的“没人管”的夏令营，习惯了处处大包大揽方式包办学生活动，想象着学生散布在地铁里和展览中心时，充满着无助的感觉，可是很快老师们就发现孩子们其实远远超乎他们的想象，亲眼目睹他们的自主管理能力、团队协作，老师眼里的学生不再是“孩子”，尤其是在长洲岛实地采访中，每一个营员都参与其中，近距离地与当地居民面对面交流，了解最真实的香港民众的心声，还受到当地议员的热情接待，这样的过程对于学生而言，是一生难忘的经历。这样的磨炼，不仅加深了对香港地区文化的了解与认知，更锻炼了他们与人交际的能力。

4. 文明影响行为

镜头四：晚上 10 点左右，汉堡店一名身着工作服的服务员拎着一个背包送到夏令营住宿的酒店，交给正焦急如焚的带队老师，来不及细细听老师说几句感谢的话又一如平常的效率快速跑回店里去了。原来夏令营的一名营员与小组成员自主出去吃晚饭的时候，把背包遗留在了汉堡店里，里面有随身用品、交通卡和现金，重要的是往返香港的通行证也在里面。

当孩子和带队老师都着急万分的时候，组织者却非常镇定地按既定预案向警署和酒店通报情况，为什么面对这样的事件组织者可以如此镇定地等来失而复得的背包呢？因为他们明白，香港的治安及市民素质非常好，人们在行为方式中往往更多体现得是为别人着想，无论是详细耐心的回答问路、或是让路使夏令营的队伍保持集中，无不体现着文明社会秩序里人与人之间的和谐共处。也正因为有这样的社会环境，夏令营主办方十余年来一直坚持把承办地设在香港。

也正因为香港有这样的社会文化环境，主办方才可以设计如此开放的活动，让学生真正大胆地走进社会。同时，文明的香港以其特有的姿态感染着来自内地的孩子们，潜移默化地影响着他们的行为习惯，渐渐地，学生们会在公共场合轻声细语，主动替他人扶着玻璃门等待别人通过，细心照顾晕船的同伴；当孩子们在中环的天桥上感受着快节奏的生活方式，在历史博物馆内感受着小渔村到大都市的巨变，在科技馆内感受着造福人类的科技之光，渐渐地，他们也似乎有了一种危机感，他们的动作变得迅速起来，开始主动地去接受新的知识、学习新的经验，勇于去探索未知的领域……

5. 展示促使成长

镜头五：不让每一个孩子掉队，这是夏令营活动的宗旨。每一个孩子通过这次夏令营都要有所发展和进步，特别是要培养孩子的自信心、团队协作的能力。因此，在夏令营的闭营仪式上，每一个小组，每一个孩子都上台展示了6天来实践学习的成果。孩子们或演讲，或朗诵，或演小品，他们的创造力和想象力，远远超出了老师们、评委们的想象。

通过展示，使每一个营员把内在的思想转换成外部的语言文字，培养了学生语言运用的能力；通过展示，每一个小组尽可能有创意地表达，培养了小组的协作能力和创造力；特别是面对200个学员和几个评委，更培养了每个营员在大众场合发表意见的胆量和勇气。

第一次独自出门在外、第一次上台演讲、第一次参与团队作业，这次夏令营中记录了孩子很多的“第一次”。在问卷调查中，100%的学生对这次的夏令营活动表示满意，97%学生表示非常满意；“在这次夏令营中，你收获最大的是”69.6%的学生认为学会了与人协作和交流，43.5%的学生自理能力得到了锻炼，26.1%的学生学会乘地铁；“本次夏令营中，最喜欢的课程”65.2%的学生选择了黄教授的专题讲座；“最喜欢的活动”65.4%的学生选择了参观长洲岛……

这一组数据无疑说明了本次夏令营活动是优质的，其高品质的课程、开放的形式、周到的筹划、规范的管理，充分体现了本次夏令营活动的教育性、开放性和公益性，深受参与学生的欢迎，对他们的影响更是深远的。这样的夏令营能全面补充学校教育的不足，培养孩子的独立意识，提高孩子的综合素质，在轻松愉快的环境中引导孩子的身心向积极健康的方向发展，让家长、孩子在暑假里多了一份选择。

（宁波江东区教育研究与装备中心　陈仁朝　许波）

附件 4.1　夏令营课程

时间	内容	地点	设计意图
第一天上午	开营仪式 中小学现场辩论比赛	将军澳大本营学校	组成异地小组 展示辩论成果
第一天下午	参观香港科学馆 香港博物馆	尖沙咀	体验高科技产品 了解香港历史
第二天	参加迪士尼乐园	迪士尼	走进童话王国
第三天上午	参加香港实践课程 聆听各类培训讲座	大本营	近距离接触香港课程 与大学教授面对面
第三天下午	长洲岛探究课程 考察香港文化	长洲岛	考察香港民情文化 增长阅历磨炼意志
第四天上午	参观香港浸会大学	九龙塘	走进大学校园 体验大学文化
第四天下午	闭营式颁奖典礼 学生拓展汇报	大本营	提高自信与勇气 提升交流与表达

永远铭记的时光

大约半个多月的时间转瞬即逝，留下的只有欢笑、美好、友谊、成长。36小时的火车奔波，几个小时的排队，东方明珠上的旋转晚餐，迪士尼的玩乐，一切的一切，永远铭记的时光。登上火车的瞬间我们就开启了对未知的探索，香港，一个开放而又繁忙的城市，我们正投入她的怀抱。

从小在上海长大的我总以为上海的快节奏绝对冠绝全国，但是体验了香港的生活和交通之后，真是有种小巫见大巫的感觉。香港除了保留着普通话和繁体字以外几乎和内地如同两个世界！物价和生活水平与其他城市有着天壤之别，哪怕是一关之隔的深圳。

除了生活，我同样领略到了一种完全不同的教育模式，在基础教育中成长的我们，对于知识的掌握绝对超过其他国家或地区的同龄人，但是素质和能力就恰恰相反了，在香港我看到了更多元化的教育，更全面的提高，考卷上成绩不再变得非常重要，全面的能力才是通向成才的更好道路。

在香港的一个星期的日子与香港学生交流的机会并不是很多，仅有一天，和他们一起去了香港的市中心以及高楼大厦下最原始的角落。在中环，我们看到了媲美上海的人口密度。名车、品牌让我们见识了香港的消费水平以及大陆税收的利害。同样这个充满机遇和挑战的开放社会，变成了成功者的淘金乐土，失败者的梦魇之地。在表面繁华的高楼大厦背后都隐藏着不为人知的残酷。在香港同学的带领下我们同样见识到了生活在高楼大厦下的“贫”民们悲苦的生活，其实在每个城市都存在着这样的情况，只是变成了人们早已习惯的麻木罢了。

参观浸会大学和迪士尼的行程就更多充满着欢乐和笑声了，还有一年就考大学，我同样也希望有机会去香港的某些大学去深造、加油。回到上海之后我们几乎就天天和香港的同学在一起了，我几乎成了我们小队的导游，和他们一起更好地了解上海。在世博园内，我们很荣幸地走了一回香港馆的绿色的通道，又对香港做了一次了解。除此之外，3 天的世博我们和香港的学生一起领略了世界和科技的风采，在开阔了视野的同时也增长了我们的友谊，大家的欢笑声同样缓解了排队的枯燥，虽然很累但是真的很开心。除了世博之外，我们参观了上海世博馆、东方明珠、城隍庙、外滩等一些上海的地标性建筑，作为上海人的我也对自己所在的城市更加了解。对了，说起外滩，一个香港的同学还真的以为外滩是一个沙滩。但是，事实上他在外滩一粒沙子也没有找到。

在上海的最后一天，真的舍不得他们离开啊，和他们一起在宾馆里玩 KILLER，一直玩到两点多，直到大家都累了，临上火车前的半天带他们去打游戏、吃火锅，我旁边那个同学真是肉一盘接着一盘啊，下次他们来一定再带他们感受上海的文化和美食！

再见了，阿斌、光哥、赵哥，经常保持联系啊，明年有机会再去香港找你们玩。

（上海市闵行区田园高中　张继伟）

我的夏令营之旅

香港是全球闻名遐迩的国际大都市，我很荣幸能参加本次赴香港的夏令营，在本次活动中，我感受到了香港这座城市的魅力以及本次夏令营所带给我的快乐。

刚下火车到达香港时，我的第一印象就是香港的地铁，香港的地铁里是讲秩序的，是文明的，地铁里不是很拥挤，空调蛮冷的，与上海地铁不同的是，香港地铁里没有乘客吃东西，没有乘客大声的打手机，呈现给我的总是一幅和谐、安静的画面。香港地铁中最特殊的就是迪士尼线了，整个列车造型很可爱，猫耳朵外观，车厢内的扶手与车窗都是米奇的头像，充满了迪士尼的特色。

另外我发现，香港这座城市，除了高楼大厦，还有一些绿色。在我们住的酒店旁边，就有一座小山，我远远望去，山上都是绿色。现代化与大自然的和谐，也是一个国家大都市不可缺少的气质。这一点，现在的上海是做不到的。夏令营我最喜欢的景点之一，就是维多利亚港，当我乘坐天星小轮，一览两旁摩登高楼时，一缕绿色点缀了维港景色，当我在星光大道与李小龙合影时，绿色成了一道美丽的背景。当然维多利亚港的夜景也是非常的美。

夏令营中我玩得最开心的景点是迪士尼乐园。迪士尼的动画电影充实了我美好的童年，本次旅行勾起了我对童年的回忆。飞越太空山的惊险刺激，巴斯光年让我当星际护卫队打败怪兽的感觉痛快淋漓……生活在香港的孩子一定是幸福的，从小就受到迪士尼艺术的熏陶，迪士尼文化，也为城市的发展添加了几分童真。上海也在建造迪士尼乐园，我很期待。

我最难忘的景点是香港长洲岛，在这里我感受到了香港的历史气息，岛中的一个景点，张保仔洞，是当时香港的海盗张保仔藏身的洞，当时由于我们一行人没带照明工具，再加上天气原因，我们没有入洞探险。我们还对岛上的居民做了采访，其中一个受采访的居民叫做何伯，年龄蛮大了，由于语言问题，我们当时请了翻译，岛上经常受到台风的困扰，我们便问何伯：“当台风来临时，你们是怎么做防护措施的?”何伯告诉我们，要关好门窗，把阳台的东西全部收进室内，不要出门。我们还问了何伯：“你希望长洲岛以后怎么发展?”何伯认为，那是政府的事情。何伯的回答让我们看到了长洲岛居民朴实的品质，以及他们无忧无虑的生活。我们还采访了一位年轻的姐姐，我们问她："在长洲岛上，最让你印象深刻的事情是什么?"她说，和朋友一起看星星。这个回答让我很惊讶，我本以为香港是国际大都市，生活在里面的人，尤其是年轻人，应该为快节奏的生活而感到厌烦，但这个回答，并不是我预料的那样，一起看星星并不是轰轰烈烈，而是非常简单的事，却在这位姐姐的眼里是最让她印象深刻的。我非常喜欢这里朴素自然的生活，或许是因为长洲岛远离香港较繁华的地区的原因吧。另外从本次采访中，还可以看出，香港对空气的治理是做得非常到位，现在的上海，不说星星，连月亮都看不到，上海的天空被雾霾虐得体无完肤。

黄宝财教授还在本次夏令营中，给我们开了讲座，讲的是学习英语的，我的英语不是很好，我讨厌英语又读又背又写的枯燥的学习方式，但是黄教授告诉我们，唱歌不用嘴，听得再多也唱不好的道理，我被深深打动了。黄教授还列出了一份表格，世界上最难学的语言中，有汉语，世界上最容易学的语言中有英语，我们连世界上最难学的语言都征服了，学习英语还怕什么！听了黄教授一言，胜读十年书，瞬间激起了我对学习的热情！黄教授还教了我们一句韩语，"감사합니다"，意为谢谢。我在此对我的每一个老师说一声"감사합니다"，感谢你们像园丁一样的呵护，还要对"视像中国"远程教育发展中心说一句"감사합니다"，感谢你们为我们提供这么好的一个平台，让我们参加了本次极有意义的夏令营。

我作为上海的居民，深刻感受到了香港的魅力，我希望上海和香港两地人民的友谊地久天长，也希望上海能从城市发展的方面向香港学习。

（上海七宝三中　徐悠然）

镜头中的香港

2013 年 7 月 20 日，宁波市春晓中学一支由老师、家长、学生组成的 6 人小分队在江东区教研室、"视像中国"远程教育发展中心的组织安排下，与其他学校的师生一起从上海出发前往香港，开始了一段为期 6 天的奇妙之旅。

6 天的香港行里，我们用眼睛、耳朵感受着，用微博、心情记录着，用手中的镜头分享着我们的所见、所闻、所感，让同行者回味，与后来者共享。

1. 俯瞰·生态香港

有人说，第一眼的印象往往是最深刻的。春晓小分队里除了笔者以外，其他人——一个家长、四个学生，都是第一次来到香港，而他们的第一眼恐怕就是在将军澳皇冠假日酒店上的那一次俯瞰——绿色的屋顶、蓝色的水池——“生态香港”的概念已经深深地烙印在了每一个看到此情此景的人的心中。干净整洁的城市街道、绿树成荫的大学校园、一尘不染的地铁车厢……之后，无论我们走到哪里，都能够深深感受到香港人的生态环保意识。

渐渐地，我们的学生会自觉地在用餐完毕后收拾餐具，会根据提示将垃圾分类投入垃圾箱内……一种生态环保的意识开始在孩子们的内心生根。

2. 远眺·繁华香港

香港，拥有独一无二的天际线——建筑紧密，高楼大厦一个挨着一个。不像一般的城市，高楼周围留出空地建造停车场之类的。地少人多，聪明的香港人将“竹子脚手架”这种古老的技术与现代建筑结合，以创造更多向上发展的空间。锐意进取的精神似乎弥漫着整座城市，孩子们在中环的天桥上感受着快节奏的生活方式，在历史博物馆内感受着小渔村到大都市的巨变，在科技馆内感受着造福人类的科技之光……

渐渐地，我们的学生也似乎有了一种危机感，他们的动作变得迅速起来，开始主动地去接受新的知识、学习新的经验，勇于去探索未知的领域……一种厚积而薄发的意识开始在孩子们的内心萌发。

3. 近观·人文香港

“孩子们，你们聪明吗？”

“聪明，就是耳聪目明，懂得看懂得听，这样就会越来越聪明。”

无论是黄教授的风趣幽默、还是赖校长的和蔼可亲，无论是王华湘中学的“尊仁济世”、还是香港中文大学的“博文约礼”，无论是长洲岛的历史遗存、还是迪士尼的开放交融，当我们越是近距离地接触香港，越是能感受到香港这座城市当中散布着的浓郁的人文气息。

渐渐地，我们的学生会主动替他人扶着玻璃门等待别人通过，会照顾晕船的同伴，会为母亲带回礼物，会心疼摔伤的老师……四个大男生仿佛在香港成长了许多，尽管他们还有许许多多的成长空间，但一种责任意识开始在孩子们的内心开花。

感谢“视像中国”这样一个平台，让我们走出小天地、面向大舞台，结交新朋友、学习新知识。在这次活动中我们感受到了香港同胞的热情、友善、敬业、勤劳、进取、文明、开放，希望在未来，我们可以更多地参与到“视像中国”的活动中，在交流中收获，在体验中成长。

（宁波市春晓中学　陈家晶）

多彩暑假“翼”起成长

我的“蠢”女儿——卢苇，有一天回家，书包未放下就迫不及待地跑到我跟前，用期盼又带兴奋的心情告诉我，学校组织辩论队的几位同学去参加有关演讲的香港夏令营活动，问我是否让她参加，我第一时间反问她，那你愿意吗？她肯定地回答，愿意。

接下来我详细了解了这次夏令营的组织单位，是否有能力做好此项工作，以及此次夏令营的内容、目的和意义。

我赞成卢苇参加香港夏令营，因为夏令营绝不是享受，而是一种感受，是人生的体验。夏令营并非单纯的游戏。我想卢苇没有爸爸、妈妈的陪伴，一方面能以另一种心情去感受香港的城市气息，开阔眼界，增长见识；另一方面希望提高她的独立能力，培养她的团队合作精神。夏令营的活动经历必能增加些许生活磨炼，为她的人生旅途增添一笔无形的财富，留给她一份终生难忘的记忆！我非常感谢学校给了卢苇这个学习平台。

香港夏令营之“翼”起成长虽在依依不舍中结束，但这次活动之后让我更深切感觉到女儿的改变。女儿变得勤快了，变得更开朗、更阳光、更有自信了。自从参加了辩论组后，她对学习的自主性加强了，她对很多事物都有兴趣，她想知道的会和同学一起探讨，或从书本、网络找资料，从而使她的口才得到训练，作文水平得到了提高，知识面广了，在快乐之中提升了学习能力。

卢苇能进入东秀小学学习我感到非常幸运。学习文化固然重要，但若德与才不能兼备，就难保今后人生不走歪路，做学问首先要学会做人。学校领导和老师们，你们重视对学生德才兼备的培养，这为孩子们在漫长的人生道路上打下了坚实的基础。

最后我万分感谢学校给予我女儿——卢苇一个广阔的学习平台，给了她一个锻炼的机会。卢苇从幼稚走向成熟，懂得了人品重于知识，作为家长的我，感到无比欣慰。感谢所有老师的教导，感谢各位同学的支持。

[广东省佛山市南海区大沥镇东秀小学六(1)班　卢苇家长　黄丽清]

研究生眼中的夏令营

从香港回来许久才动笔写这篇感受，但重新翻出那时的照片，鲜活的记忆重新浮现在眼前。六天的行程安排满满，在维多利亚港领略了美丽的夜景，在中环尖沙咀见识到香港的繁华，在迪士尼乐园体会了一番童真的乐趣，在长洲岛感受到香港离岛区另一面的安静，又在微雨中走进了学术氛围浓厚的香港中文大学，然而对于一个多元化的香港，六天的行程也终究只是匆匆一瞥。

当从上海、宁波、南海、井冈山前来的同学们聚集在一起参加开幕式的时候，我不禁感叹此次夏令营队伍的庞大，为了让大陆孩子更了解香港，主办方给每个小组安排了一名香港的学生，既可以当导游，也可以在六天的旅程中与大陆的孩子充分交流，彼此了解。记得曾有人说过："旅行途中最美的风景是人"，如果一路上只有美景与美食，你和这座城市始终有一层隔阂，香港学生的全程参与让大陆孩子更贴近这个美丽的岛屿。当参加夏令营的小伙伴们在离别恋恋不舍时，相信他们已经收获了夏令营之行的一大财富——友谊。

说到旅游，你的脑海中一定浮现出这样的画面：导游为你安排好一切行程，乘坐旅行大巴在一个又一个的目的地之间奔波。然而香港之行完全不是这样，没有旅行大巴，更没有专职导游为你安排好的一切。夏令营开始前，每个营员都会拿到一本营员手册，上面详细介绍了每天的安排，六天的行程中需要同学们自己搭乘地铁前往每一个旅游景点，学会在错综复杂的港铁间来回换乘是出行必备的技能，一开始还担心面对彼此交错的六条港铁线，孩子们会不知所措，然而当他们熟练的说出换乘线路、站点时，我深切地感受到适度的放手可以发掘孩子的潜能。此次夏令营中，孩子们不仅要自己搭乘地铁，还要学会为自己安排每一餐，在夏令营开始时，每个孩子会领到一张一定数额的八达通卡，在六天所有的交通、饮食费用都在其中，如何控制预算、合理安排，又能享受到自己喜爱的美食，孩子们确实需要动动脑筋。

在《英语阅读与学习》讲座上，我发现参与夏令营的学生们的英语水平都非常不错，同时观察到一个很有意思的现象，小学生对于课堂的反馈要比高年级的积极一些，我们的孩子随着教育时间的累积变得内敛。这是为什么呢？前一段时间看了一篇关于中美两国中学生生活对比的文章，文中描述了美国中学生丰富的文体活动，中国的学生见到大抵是要十分羡慕的，作为“过来人”每每回想自己的中学时代我也总不免有些遗憾。生活学习方式的迥异造就了中美学生在自我表达方式上的差异，然而现有的高考制度下想要一蹴而就的模仿美国的模式不太现实，可以在平时教学过程中增加一些互动的元素，让孩子交流、分享、合作的意识得以增强，“视像中国”中各个子项目以及夏令营实践活动对于学生们来说真的是非常好的契机。

学会交流与表达也是学生参加此次夏令营的收获之一，在长洲岛，孩子们需要分组合作，完成指定的考察任务，了解当地居民的生活；在夏令营总结会上，他们要用新颖的方式交流此次香港旅行的收获……在一个与大陆不尽相同的文化氛围中，孩子们要学会用恰当的方式表达自我，倾听别人。香港之行打开了孩子们的视野，让他们见识到更加多元化的世界，学会用更加包容的心态面对人和事。

在短短的夏令营活动中，香港教育教学方式一次次的叩击着我的内心。为什么大陆的孩子英语学习很费劲，环境很重要，香港是一个被英语浸泡的地方，上课都是使用英语，而中国的孩子只在英语课上使用。香港学校更注重社会责任感、数字化、国际化视野的培养，为自己为社区做贡献，处处充斥着正能量的氛围。王华湘中学一个小小的考勤点名机，礼堂“尊仁济世”，报刊架上国际刊物，宣传栏里“正”“好人”“好事”等字眼是多么的熟悉而又陌生，香港教育中有太多需要我们学习的地方。

作为参与者在这里还要真心感谢陈圣日老师的用心良苦，将如此多的师生组织起来并且妥当安排我们在港的衣食住行，这一切都来源于陈老师及香港两位老师背后的付出，对于学生们来讲这是一个探索之旅，对于我们来说更是一场学习之旅，感谢所有给我们留下美好回忆的师生，遇见你们真好！

（南京大学　于露　洪岩　桑宇霞）

远程学习新体验

感受跨地域实时交流

经过多个月的筹备，我校终于顺利完成了首次与中国内地合作的跨地域实时交流活动。本校于2009年10月15日与中国佛山铁军小学展开了第一次网上实时的校本课程交流活动，这次交流的课题为《重返月球》。

透过远程教师的视像教学设备，能把本校别具特色的《航天》课程与内地教师和同学分享。两校教师和同学可透过即时的回馈提升教学的效果，同时也拓展了同学的学习经历。

在这次的实时交流中，同学们也有不同的感想：

5A　陈蔚文同学

完成这个远程教学交流活动后，我学会了很多有关航天的知识，例如：太空舱。我希望日后可以学到更多的航天知识。

5A　顾婷婷同学

经过这次活动后，我明白了更多的航天知识，还认识了很多内地的朋友。希望日后类似的活动会继续举办。

5A　郑一冬同学

在这次活动中，我明白到做一个小型太空船已经很难了！那么，要制造那些大型太空船不就要更多时间和人手吗？

我觉得这次活动令我受益良多，因为可以透过活动与佛山的同学交流，让大家一起学做“返回舱”。

5A　梁德怡同学

经过这次活动，我学会了一些有关太空人和火箭的知识。例如：火箭在何年产生？新型的火箭将会较大，而且有三个辅助推进器。

5C　王恩恩同学

在这次活动中，我们和内地的小朋友都做了一些小模型，在制作“返回舱”模型时，我学会了做“返回舱”的技巧，明白了分工合作很重要。

5E　陈赋匡同学

我觉得很开心，因为我可以看到关于美国太空人升空的短片，可以做科技活动，又可以跟佛山的学生交流。我希望这类活动可以持续发展，令更多同学可透过网上交流学到更多知识！

［香港(喇沙)小学　陈瑞祺］

难忘的一课

“弟子规，圣人训。首孝悌，次谨信……”伴着朗朗的读书声，我们的思绪渐渐融入“弟子规”中。

这节课的主讲老师是一位来自上海的资深教师。老师通过远程广播系统把PPT呈现在我校微格教室的投影屏上。大家睁大眼睛、竖起耳朵，聚精会神地听着课。

首先，老师用鼠标挨个指点着总叙的每个段落，并用铿锵有力地语气诵读给我们听，我们学生也不甘示弱，跟着老师一句紧接一句有感情地大声朗读。接下来是理解句意的环节，投影屏的下半部分提示几句简洁易懂的文字，老师结合深奥难懂的原文，逐一向我们讲解：“在日常生活中，要做到孝顺父母，友爱兄弟姐妹；在一切日常生活言语行为中要小心谨慎，要讲信用；和大众相处时要平等，亲近有仁德的人，向他人学习，这些都是很重要的事，如果做了之后，还有多余的时间精力，就应该好好地学习其他有益的学问……”之后，老师又声情并茂地朗诵了一遍全文，意在让我们在理解的基础上对弟子规有一种全新的认知和感受。不知不觉一节课就过去了，在课的末尾，老师语重心长地对我们说：“总叙介绍了《弟子规》的所有章节，如果你们能做到以上8点，就会成为德智体美的好学生了！”

我相信老师的话会使人一生受益，我会一直牢牢记在心里，会尽力去学习弟子规中的礼仪与规范，在家、出外、待人接物、学习生活等方面严格要求自己，努力让自己成为一名德智体美的好学生。

（宁波市栎木小学　徐晖）

我们爱“罗马炮台”

“香港——南海创意科技奥运会2008”科技制作工作坊活动，给出了四个项目。我们小组觉得“罗马炮台”比较好玩，于是，就选定了它作为参赛的项目。

“罗马炮台”主要由炮架、炮杆、橡皮筋和平台构成。

开始制作炮台时，我们采用纸圈的芯来制造炮架，30cm 长的小木方条作为炮杆，橡皮筋作为重力，月饼盒作为平台，棋子作炮弹。试射时，我们发现炮弹总是偏离目标、总是不能打到 3 米处的目标，这是什么原因呢？

杨老师组织我们进行分析和讨论，严志成同学提出“炮架的柱子用方盒替代纸圈芯可以减少炮杆移动的幅度”；李先柱同学提出“把炮杆的长度从 30 厘米缩短为 20 厘米，增大炮杆的移动幅度，就能把炮弹打得更远”；潘庆佳同学提出“安装 3 根橡皮筋，固定每根皮筋是一个目标的动力”。

我们根据讨论结果对炮台进行改进，发现效果非常好。炮弹基本在目标左右 15 厘米落地，这是很大的进步了；炮杆缩短后，橡皮筋的力量大大提高了，只要用力控制好，百发百中是没有问题的。

为了提高命中率，我们四人对目标进行了分工：李先柱同学负责打 30 分、严志成负责打 20 分，潘庆佳和李明朗负责打 10 分。训练中，我们相互鼓励、记录分数、交流技巧，共同分享进步。

本次比赛，我们虽然发挥失常只取得了二等奖，但我们的收获还是非常大的。首先，我们都学会了冲击钻、熔胶枪、锯机种工具的使用；其次，我们掌握了根据问题进行分析改进的一些方法。

杨老师把我们的作品“罗马炮台”给三年级同学进行发射活动，我们每个成员都成为了技术指导。

（南海狮山镇官窑中心小学　严志成　李先柱　潘庆佳　李明朗）

在远程学习中成长

2013 年春天，我们学校组织 9 名学生参加了“视像中国”项目中由北师大李玉顺博士主讲的《触摸信息技术前沿》这一网络课程的学习。短短几个月的时间，孩子们兴奋愉快地完成了网络课程学习，每一次作业和考核都得到了课程老师的高度评价。他们对最新信息技术的渴求，对课程的热爱与钻研让我看到了网络学习无限美好的前景。

首先，课程在极大程度上改变了人们的学习方式。在日常的教学中，我们虽然也在广泛的使用计算机技术，但它是一种教学的辅助工具，教学仍然是以老师为主导的。而该课程把信息技术与教学内容有机地融合在一起，利用多媒体的图形、图像、声音让学生在轻松的环境下学习知识；利用强大的网络功能让学生查阅所需资料；利用电子邮件方式，可以解决习题作业批改和答疑，学生之间的切磋也完全利用网络工具进行。我们的课程以学生通过网络自主学习为主，每周五汇聚一次，按要求完成PPT、海报、新软件的推荐、视频拍摄等一系列新颖的作业，远在北京的老师通过网络为我们提供课程、批改作业、交流讨论。我们深刻地体会着信息技术带来的学习变革，真正实现了自主学习、合作学习、探究学习。

其次，课程有效落实了个性化教学。“因材施教，因人施教”是我们一贯主张的教育教学原则，这一教学原则实际上体现的就是个性化学习。在传统的教学中个性化学习只是一个理想化的追求，班级授课制让教学很难真正落实因材施教。而网络教学的开放环境却为实现个性化学习奠定了良好的基础。在本次课程学习中，我们9名学生能力、兴趣爱好、原有的知识储备参差不齐，但是他们每一个人都根据自身的需求自主地安排学习进程，有效地选择学习资源，按照适合自己的方式展开自主学习，使学习变成了一个各取所需、有效合作的过程。

网络课程从学习内容、学习方式、学习理念等多个层面带给孩子们全新的体验与感受，让我们一同来分享他们的体会和感悟吧！

学生李卓一：我自主我快乐

《触摸信息技术前沿》这一门在我看来枯燥复杂的信息课程用一种特殊的方式很好地引起了我们的学习兴趣和积极性。这一次的网络学习对我们学习观念、思维模式的转变很大。在以往的课堂学习中老师是整个教学过程的主宰，我们则处于被动接受知识的地位，不停地被老师“强喂”知识——那种感觉真的不舒服。而“视像中国”给我的是却是一种完全不同的学习方式——自主学习＋小组合作学习。在这个模式中，老师是个引导者，只为学生解难释疑。它给我们一堆砖瓦石土，让我们自己建造知识的宫殿。整个学习过程中，教师对学生高度信任，每一环节老师都不会在旁边监督，包括作业的来源以及书面报告的真实性等。为了对得起老师的信任，我们高度自觉。通过自己的努力完成一个一个并不容易的任务并体验完成任务的乐趣，它不仅极大地提高了我们对学习的兴趣和学习自主性，也锻炼了我们自主学习的能力，让我们的思维一刻也不停息地在运转，自觉探索新知、构建新知，我一次又一次地体验着自己发现知识、解决问题的快乐。

同时，这样的学习不受特定的时间和地点限制，让我的课堂随时随地都可以进行，让我们在最短的时间内学到了尽可能多的新知识。

学生郭炳集：合作制胜

参与这门课程，我觉得最重要的不是你个人的能力，而是整个团队的团结和协作的能力。因为一个人的成绩证明不了什么，只能增加这个团队很微小的成绩。所以整个团队之间需要互相帮助，互相查缺补漏，才能达到百分之一百。就像一团散沙只有聚合在一起，才能堆出美丽的沙丘——在这其中每个人都能奉献自己的力量并体验最后成果中的欢乐。我们的海报、小组 PPT 就是最好的证明，连我们自己都想象不到它们能得到老师如此之高的评价。

当然，个人的能力也是很有用处的。如果说，你的能力足够高、学习时足够认真、专心，完成的作业质量足够高，那么对于整个团队来说，应该能算是一个大福利了。这样不但能提高整个团队最终的总体成绩，同时自己也会受到老师的高度评价。有时候得到的评分甚至会高于 100 分，达到 110 分，甚至更高。

在这样的学习中，团队的协作互助与成员个人的学习能力相结合，才能更完美。这在我们惯常的学习生活中是没有的。在每一个学习任务中都需要成员间的有效合作，我们 9 个人之间有过争吵、有过谦让、有过推诿、有过互助……最终，我们正确地认识了自我，进一步了解了每个同学的长短，达成了默契，出色地完成了一项又一项学习任务，收获了与众不同的友谊和合作的技巧。

学生倪天鹏：从什么也不会到触摸信息技术最前沿

我不知道老师为什么选我这样一个电脑盲参加这一课程，对于我这种连 QQ 都没有的人来说电脑、网络只不过是偶尔百度一下查个资料的工具而已。然而，经历了将近一个学期的“视像中国”课程后，我竟然触摸到了信息技术的最前沿！我不仅了解到大量崭新的信息知识，而且学习了许多从前根本不会的信息技术。

比如：物联网、各种各样的超级计算机、云计算等一堆的新名词，你知道它们意味着什么吗？我知道了！冰箱会自己判断里面的食物坏没坏并作处理，汽车可以自己从车库中行驶到家门口，垃圾箱可以定时自动清空，父母可以知道在乘车的孩子是否安全……生活将多么的方便与快捷。你喜欢这样的时代到来吗？

通过平台与五湖四海的同学研讨问题、通过论坛上交作业、通过网络接受老师对我们学习情况的批改评价，你体验过吗？真的太神奇了！这一次的学习为我打开了另一扇窗，让我得到了在数字化环境中更多的学习体验。我想，网络课程或许将会让终身学习成为一种必然！人要走进知识宝库，是不可能一蹴而就的。我们要学习的东西太多了，网络教育，给了我们一把新的学习的钥匙，一把增长知识才干和提高思想素质的钥匙。

学生张逸寒：远在天边近在眼前的老师

经历“视像中国”的网络课程感触最深的就是：任何人、任何时间、任何地点、从任何章节开始都可以学习任何课程。老师与学生、学生与学生之间，通过网络进行全方位的交流，老师虽然远在千里之外的京城，却丝毫没有影响给我们传道解惑。老师通过计算机网络对学生提问的类型、人数、次数等进行的统计分析，更好地了解了我们在学习中遇到的疑点、难点和主要问题，更加有针对性地给予我们指导。教学平台上，老师和我们亲切地交谈，彬彬有礼，互相尊重，只有学术的指点没有啰唆的说教和蛮横的批评，我们不但可以请教学业中的疑难也可阐述思想上的困惑，无形中拉近了师生之间的心理距离。

在这里，老师，不那么令人敬畏了。

学生王奕博：新知无限好

我很荣幸能成为“视像中国”的一员。

在这次的活动中，我参加的是《触摸信息技术前沿》这个课程。刚接触这门课程时，自己很迷茫，不知道到底这门课程是干什么的，学了有什么用。只知道，这是一门探究型的课程，它的学习方式和内容和我以往所有的课程都不一样。

随着学习的逐渐深入，云计算、物联网、人立方等以前从未接触过的新名词都呈现在我的眼前。所有课程内容中，最有趣的当属“人立方”了。“人立方”的界面非常动感，可以通过鼠标滚轮滚动来放大或者缩小关系图，还可以通过点击人与人之间的连线获得两人之间的关系。“人立方”关系搜索能够从超过十亿的中文网页中自动的抽取出人名、地名、机构名以及中文短语等，并根据搜索关键词和与其相关的人名之间的关联度强弱自动的计算每一个人名与关键词直接的距离、数据大小以及具体的摆放位置等，并通过一条标明了人际关系的细线连接他们并使其发生社会化关系！可以说每个人都能够通过“人立方”被联系起来，说不定我们与毛泽东、周恩来、比尔·盖茨、乔布斯甚至是孙悟空都有一定的关系。它让我重新认识了人与人之间的关系，也让我真正体会到互联网的迅速发展缩短了人们之间的距离。当然，这种关系图是根据搜索和算法而来的，并不能保证完全准确，关系图有些可能不准确。作为一种创新的东西，还需要时间的考验来证明其未来市场前景。

通过学习我还认识了什么是物联网。物联网是新一代信息技术的重要组成部分，其英文名称是：“The Internet of Things”。顾名思义，物联网就是物物相连的互联网。这有两层意思：其一，物联网的核心和基础仍然是互联网，是在互联网基础上延伸和扩展的网络；其二，其用户端延伸和扩展到了任何物品与物品之间，进行信息交换和通信。物联网就是“物物相连的互联网”。物联网通过智能感知、识别技术与普适计算、广泛应用于网络的融合中，也因此被称为继计算机、互联网之后世界信息产业发展的第三次浪潮。物联网是互联网的应用拓展，与其说物联网是网络，不如说物联网是业务和应用。因此，应用创新是物联网发展的核心，以用户体验为核心的创新 2.0 是物联网发展的灵魂。

现在，我已经升入初三，面临巨大的升学压力，但是网络课程带给我无比新奇的体验一直铭刻在我的心中。我期待着未来，这样的课程能够改变眼前还不可能消失的应试式学习。

（上海师范大学康城实验学校　李卓一　郭炳集　倪天鹏　张逸寒　王奕博）

E-learning之路

还记得这学期刚开始的时候，学校老师让我参加一次全新的网络学习活动，机会十分难得，名额也十分珍贵。我在征得父母的同意后，欣然参加了这次活动。

一开始，我和一起参加的十几名同学都对“网络学习”这个名称似懂非懂，不清楚它的内容与含义，在老师的指引下，我们完成了最初的课时任务——完成了自我介绍的课程选择和成员分组。我选择了数字化学习的课程，开始接触国际上十分流行且高端的“数字化”“多元化”的系统学习。

起初，我们的学习任务十分简单，只是观看一些文档和PPT，以了解这门课程的意义和目的。例如通过第一节课我的学习，我明白了所谓“E-learning”和传统学校学习的截然不同之处，“E-learning”是锻炼我们面向21世纪的数字化生存能力和网络交流能力，同时它也是一种载体，让我们得以突破年级的限制，了解和体验未来的学习方式，让我们对新世纪先进高效的学习方式有了系统了解和学习。通过该阶段的学习后，我还明白了网络对学习具有相辅相成的作用，而我们作为网络学习的探索者，也能先于同伴们体验这全网络、全自主的学习方式，实是一大幸事。

之后，我们又陆续进行了好几次课程，并真正意义上开展了数字化学习的主要进程。在一阶段，我们新创建的小组“Fighting”也迎来了第一次合作——“小组自我介绍”任务。在该任务中，我们从零开始制作介绍我们小组的PPT。制作Logo、背景、口号、成员介绍等各种零碎的任务，通过各组员的分工合作，群策群力，高效率、高质量地完成了。本任务的顺利完成意味着我们有了属于我们自己的“名片”，也体验了团结合作的力量和重要性，各位组员的自豪之情都溢于言表。在此后的几次谈感受和看法的任务中，我都感慨万千，也借着这些个自主讨论的机会，得以倾泻出我内心的感受和看法。没有约束、畅所欲言的氛围，使我平时由于种种原因无法出口的话语也能一吐为快，而这些观点和想法得到在网络另一边老师与其他同学予以的鼓励、点评与赞赏。这确实是一个很好的平台，带给我一种说不出的畅快感受。

最后，我认为网络学习就是一种独特的学习方式，给了学生自由发展的空间和展示自我的机会，我们得以突破禁锢我们多年的“Chinese式应试教育”，自主选择课程进行学习，自主选择时间进行学习，自主提问，自主思考，自主决定自己想要达到的高度，这是极为不易的，也是目前“一把揽”的学习制度所望尘莫及的。换句话说，在某种程度上我们都成了老师，自己为自己选择，完全按照自己的情况进行个性化学习，这效果自然是与众不同的。曾经的我们有着非凡的创造力和想象力，有着许多方面的天赋，但只因为不适应学习制度被无情地否认和扼杀，从而葬送了许多的未来。而网络学习恰恰弥补了这个缺陷，为我们开拓了另一片广阔的蓝天，使我们这群笼中之鸟能回归自然，在天空中自由自在地翱翔。

（宁波市曙光中学　傅宇啸）

网络课程学习总结

初二上学期，通过邓老师的推荐，我参加了《触摸信息技术前沿》网络课程的学习。通过这个课程，拓宽了视野，让我了解到许多以前仅仅是有所耳闻或是闻所未闻的高科技，真是受益匪浅啊！

通过这项课程我了解到有关互联网、云计算、数字传媒技术、物联网、社会计算、高性能计算和移动计算等七个方面的知识。这些看上去很深奥、很抽象的词汇在学习中渐渐熟悉起来，其中还不乏有一些自己很感兴趣的科目，例如数字传媒技术和社会计算。通过对这些感兴趣科目的深入了解和研究，在我的心中打开了一片新世界。而对于不是太感兴趣的科目，我也没有放弃学习，同样在里面学到了很多有用的知识，知道了以前看见过的却不知道它是如何运转的高新科技，促使我对未来科技或未来世界的新面貌产生想象，触发了灵感，获得很多有趣的点子，激发了自己的想象力和创造力。

特别值得一提的是这项课程的学习方式，几乎全部依靠了科技产品，脱离了传统的师生面对面和纸质书的教学，改成了在电脑或网络上看文档、PDF、视频来学习。更有趣的是该课程还安排北京师范大学的李老师远程授课。通过网络，我在深圳听北京的李老师在线讲课，实时交流答疑解惑。我认为这种学习方式非常好，因为我们对电脑的兴趣远比对纸质书的兴趣更加浓厚，从而使得我们在电脑及网络上学习的时候始终能保持一个较高的热情和学习心态，这一点对提高学习效率有很大的帮助。

《触摸信息技术前沿》网络课面向全国的中小学生，也就是说，我们可以和来自全国各地不同学校的学生进行交流，表达我们对课程的不同认识和观点，使我们对自己忽略或不是太感兴趣的方面得到充分的补充。当我与来自不同地方的学生交流的时候，总是会保持一种好奇和兴奋的感觉，这也是我能一直坚持学习这门课程的原因之一。

最后我想说，如果今后还有这样的课程我还会参加。

（深圳南山麒麟中学　张昊昊）

别样的“六一”儿童节

转眼间，我已经是三年级的学生了，在我记忆中，“六一”儿童节就是小朋友们坐在一起分享零食、参加游园活动等，但是，2013 年的“六一”儿童节是那样的与众不同，那样的令人难忘！

5 月 30 日下午，宁波市江东区、上海市闵行区、佛山市南海区、禅城区和香港五个地区联合举办了以“弘扬特色文化、欢庆六一佳节”为主题的远程多地同庆“六一”活动。我很荣幸地以江东区外国语实验小学小主持人的身份参与了整个活动，并于活动伊始向其他地区的老师和同学介绍了我校的美丽校园、特色活动、多彩文化等，得到了大家的啧啧称赞。此外，我还观看了五个地区小朋友的精彩节目，既有优美的舞蹈、生动的童话剧、幽默的快板节目等，还有传统风味十足的越剧演唱。活动中，我们还领略了各地学校的别样风采，在收获快乐的同时，更加增进了彼此的友谊，让我真正体验到了“不出校门，感受同龄人风采”的无限乐趣。让我印象最深的莫过于我校一群二年级小朋友的武术表演了，他们动作标准有力度，精神振奋有朝气，内外合一，将中华武术的特色表现得淋漓尽致。

整个“视像中国”活动过程中，我的心情无比激动，仿佛看到了祖国欣欣向荣的一片景象！“少年强则中国强”，我的中国梦、我们中华民族的中国梦，我们必定用智慧和汗水将梦想变成现实！

（宁波市江东区外国语实验小学　胡馨）

友谊的根

与上海的学生只相处了短短的一个星期，但是我们却已经种下了友谊的根。

七天的上海之旅，真的让我大开眼界，特别是上海的学生，第一次见他们时，心情既兴奋又紧张，很想知道他们是怎样的？他们给我的第一感觉是——他们的样子好小哦，一直担心不知道能不能沟通得到？会不会像姐姐带着弟弟妹妹？但最后我发觉我的担心都是多余的。与他们见面，打招呼，在他们的言谈举止中发现他们比样子更成熟稳重，是素质高、有教养的学生。

到了上海，他们更是加倍地迁就我们，来到这个人生路不熟的地方，满足我们的要求，会问我们想要买什么？带我们去一些价格划算，又有纪念价值的地方，为我们介绍当地的特产。

在参观世界博览会时，和他们相处的也很愉快。我们想去哪里参观，他们都会陪着我们，无论大家有多累，都没有怨言。在最后一天，他们还亲手准备了礼物送给我们，他们的心意，才是最重要的。他们不但把礼物包装得精致得体，还为其他不是同组，但有一起玩的同学再一次准备礼物。印象最深的还是离别前最后一次的晚餐，大家都吃饱后，他们为我们献唱了几首歌，连平常不怎么讲话的男同学，都愿意站出来一起唱，真的很感动。

在他们的身上，我不但感受到他们的友好、他们的亲切、他们的勇敢、他们的习惯、他们的文化等，而且我也学到了很多东西，我学会了主动，主动地找话题，主动地去了解他人。我也学会了坚持，坚持地完成这次的旅程，坚持地完成一切的任务。我更学会了怎样和他人相处，学会了怎样领导会更顺利，学会了什么叫团结，什么叫交流。这次的上海之旅虽然很累，有很多任务，但却是值得的，因为这次的交流不但让我眼界大开，而且给我留下了一个七天六夜的完美宝贵的回忆，最重要的是，从此我就多了一班上海的好朋友，这是一班永远的好朋友。

虽然我们分开了，不知道什么时候还会相见，但是我们依旧会保持联络，因为我们相信，我们的友谊是长久的。

（香港救世军卜维廉中学　林小云）

香港沙巴交流计划

我校与马来西亚沙巴里卡士中华学校结盟后，举行了多次网上视像师生交流，增进了彼此之间的友谊。里卡士中华学校及该校家教协会更邀请本校师生在2008年3月25日至29日前往马来西亚沙巴，让两地师生有进一步的交流。在沙巴交流期间，本校学生不但可在里卡士中华学校上课和参观，还入住当地学生家庭，与他们一同生活，了解当地文化。以下是沙巴交流团各师生的一些分享。

1. 多交流多学习　弘扬中国文化

李苏妹校长：这次跨地域的文化交流活动，实为两地学生提供了一次宝贵的学习经历。沙巴各校之董事对办学理想的坚持，令我们非常感动，让我们为作中华儿女而感到骄傲。

邓美玲副校长：很欣赏当地华侨出钱出力办华文学校，积极保护中华文化。此行让我校师生感到身为中国人的自豪，更要学好普通话，珍惜我国文化。

2. 学习待人处事　懂得照顾自己

钟瑞琼主任：感谢沙巴里卡士中华学校和家教协会的支持，以及寄住家庭的爱心接待，让此次交流能顺利举行。盼望两校师生和家长的友谊能够延续，让我们能成为好友。

朱杏茵老师：感受到沙巴学校与家长的关系很好，愿意为学生付出。本校学生除了参观和交流外，亦有机会在交流团中学习待人处事和照顾自己，实在获益良多。

3. 入住当地家庭　感受当地文化

林恩琪同学：我很感谢沙巴寄住家庭的照顾，我从他们那里学到很多东西，期间发生了很多趣事，希望将来有机会再跟他们在一起。

梁臻劭同学：沙巴的家庭十分热情，主动帮助和关心我们，视我们如同亲生子女一样，实在非常亲切。

麦伟扬同学：我觉得这次交流团令我大开眼界，并且学了很多东西，还认识了很多朋友，希望下次可以再去。

林佳琪同学：在沙巴里卡士中华学校学生集会时要当司仪，实在令我有点紧张，但是在老师和同学的鼓励下，最后非常成功。还有牧场的鲜牛奶，就算回来后仍令我难忘。

（香港中华基督教会湾仔堂基道小学）

第五章　跨越围墙之中的资源与环境

“视像中国”远程教育项目跨越学校围墙之后，其资源服务的目标仍回归到学校。多年来，它在力求以公益化、常态化的形态促进校际同类资源的整合、相同研究力量的协同，让校园内星星之火在项目中形成燎原之势，促进协作研究共同进步……

“视像中国”项目的开展是依托信息技术环境而建构的一个开放性、跨区域、跨学校的协作性平台，技术环境、数字资源、远程教学模式、网络化课程等技术环境下的教与学方式相关形态和要素是整个项目有效开展及实践探索引领的前提，也是“视像中国”项目对当下正火热推进的、蓬勃发展的教育信息化深化发展进程的最大启示。

本章选择了9位参与项目实践的代表性人员，从多个方面阐述“视像中国”项目在实践进程中对技术的有效应用，以及其在基础教育领域开展前瞻性探索方面所取得的感悟。

促进协作研究的“视像中国”资源中心

“视像中国”远程教育资源中心是在上海市教育委员会基础教育处的直接支持下建立的。资源中心以原有的“视像中国”专题网站为门户，构建统一身份认证中心，整合了在线异步资源，并提供了在线同步资源管理系统。构成了资源生成型和资源管理型两大体系，主要面向跨区域协作研究。

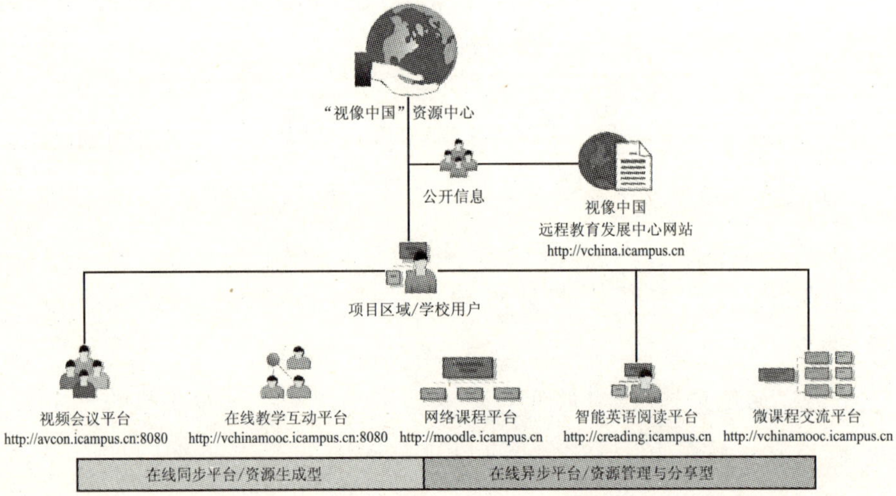

图 5-1 “视像中国”远程教育项目资源中心

1. 资源生成型平台

视频会议系统及在线交互教学系统是“视像中国”远程教育资源中心构建的资源生成型平台，主要为在线同步交流互动提供支持。视频会议系统是用来支持群体之间的互动交流活动的，例如多地教学研讨、同课异构教研活动、网上实时辩论比赛、师生异地同堂上课等，都是以群体参与为特征，以实时交互的形式开展交流的。而在线交互教学系统(JoinNet)则是用来支持师生间以个体参与、构建群体在线课堂为特征的实时交互平台，教师和同学们各自在自己的电脑前，一同聆听教师的讲课、观看同步的教学辅助资源，还可在线发言交流，是一个明确指向构建网络课堂环境的资源生成平台。

在资源生成型平台中，其使用过程都可被实时记录或直播，便于教育教学资源的生成与管理，尤其运用在线交互教学系统的过程中，教师的教学过程和师生互动过程，可以完整的记录，在后期点播观看时可以完美地呈现课堂的回放，有利于增进网络在线学习的现场体验感。

2. 资源管理型平台

“视像中国”远程教育资源中心设立的资源管理型平台，主要以在线异步的方式提供资源管理与分享工具。在线异步资源已经建成网络课程平台、平面几何教学平台、微课程交流平台等三大资源管理与分享平台，各地项目学校的师生可以通过门户网站经统一身份认证后进入，资源对项目内成员完全开放。网络课程平台是2012年11月“视像中国”远程教育项目与高校合作建立网络课程时建设开通的，已经完成两门课程在线开设3个学期，累计学生人数超过400名，为网络课程的进一步开展奠定了良好的基础。平面几何教学平台是以《几何王》软件为平台，支持项目学校里的初中生以试点班级形式进入使用，其丰富的几何教学资源不仅是教师教学的好帮手，也是学生们自主学习的好搭档。

3. 协作研究环境的构建

基础平台的构建目标远不止现有的几个应用，从机制上已经做到了满足更多的第三方应用挂接进来，使各地项目学校的师生仅需使用一个账号便能访问站内的全部信息。登录进入基础平台的教师或学生用户，可以自由地访问平台的模块，也可由系统指定其可以使用的模块，权限灵活可控。

因此，“视像中国”远程教育资源中心的建设实际上就是一个为各地项目学校提供资源服务的开放式平台，为跨区域协作研究提供了切实的服务支持。例如项目中已经开展的两批“视像中国”远程教育项目微课程培训，过程中来自8个地区的160多名一线学科教师，在由学科精英、大学教授等组成的培训团队的指导下，从破冰之旅到小组合作，大家在学习新技术应用的同时，也在体验全新的参与式培训理念，两天的培训在更新观念的基础上，完成了合作团队的建设，每位老师都在培训中起航，并携手来自不同区域的同伴，一起探索技术如何更有效地应用于教育教学。

正是这样的尝试，使大家看到了项目建立资源中心的一种潜在价值，即可以让不同地区有相同研究目标的老师形成协作力量，一同推进技术应用的深度研究。平台除了身份认证实现了统一以外，更在应用设计方面增加了数据共享，每一位进入实验的教师都可以方便地管理自己的学生所产生的数据，可以进行实验任务的分析，还可以看到所有区域的学生的相关数据，可以进行大数据分析，同样的实验内容，有了不同区域的学生的数据支持，研究的价值自然得到了提升。

许多地区与学校，面对飞速发展的信息技术，都在积极开展如何更有效地在教育教学中引入应用的探索，大数据、微视频、微课、翻转课堂等一系列冲击现有教育思想的名词层出不穷，但是由于其应用的不成熟及与现有教育体制的现实需求尚未十分契合，大部分探索者在一个学校里甚至在一个区域里都是凤毛麟角、孤军作战。但是在“视像中国”远程教育项目的群体里，跨区域的协作可以让这些先行者形成一股力量，将分散的探索转化为有组织有管理的研究，并在此基础上创设构造大数据研究环境的基础，让不同区域的教师带着自己的学生置身其中，使得研究的支撑从点变成了面，增强研究过程的实效性。“视像中国”远程教育发展中心正是看到这样努力的价值，才积极地以专题培训、督促应用平台实验等方式，让各地有相同研究方向的老师携起手来共享研究成果，为新技术新应用的试点推进搭建了非常实效的平台，也为深入探索新技术应用构建了真实的大数据支撑环境。

（上海市七宝中学　陈圣日）

远程即时互动交流活动的方案策划

自从太古小学 2007 年参与视像中国计划以来，三年中多次参与三点以上的大型网络远程即时互动交流活动，例如：五地网上庆新春；四地同上一堂课；宁波、香港、南海的三地校长论坛等。本人也一直作为宁波江东方面的区域联络人参与有关活动的策划、联系，落实活动的方案，执行有关活动方案的实施。在多次的活动以后，我们不断总结反思，认为远程视频即时交流活动基于其自身的特点，在活动策划、实施过程中一些流程必须加以落实：远程视频即时交流活动可行的方案是前提，周全的活动议程是保证，稳定的网络是关键，畅通的通信是保障。

1. 策划活动方案，征集参与单位

(1)大型活动提出方案的时间提前至少一个月，保证充裕的进行联络协商准备的时间。

由于香港、上海、北京、广东、浙江等不同地域，都有着自己独特的文化基因，特别是香港的教育体制与大陆教育体制不同。因此，各地需要也不尽相同，每个方案的提出都必须要在一个月以上，保证有充裕的时间沟通。虽然，现在通信发达，但是毕竟天各一方，要进行联络商议，还是需要一定的时间，况且，作为地区的联络人也需要时间与本地的有关部门和单位协商，这样来来回回多次的反复沟通与协商，时间花费是大量的。这还是在各地联络人互相熟悉、通信畅通的基础上，如果是各地的联络、通信网络没有建立，则需要更长的时间。

(2)方案要取得有关协作单位的认可，达成多方的交流的共识。

无论是哪一方主办大型活动都必须照顾到各方的利益。为什么远隔千里、万里的学校会在网络上一起交流互动，因为大家都有这个需求，通过远程视频即时交流分享各地资源。但是，不同学校的需求又不尽相同，所以需要协商。

虽然，“视像中国”计划秘书处的梁锦松老师在各地具有很高的威信，Franics 等工作人员非常敬业与勤奋，可以做一些协调，但是，他们的性质有点像联合国秘书处，成员学校一律平等，相互尊重，有参与活动的自由，也有不参与活动的自由，各成员之间的交流互动活动通过协商完成。

正是因为我们前期的协商，才能在后期的方案实施中取得有关协作单位的支持与谅解，共同谋划活动的顺利执行，直至活动的完满。

(3)方案设计要留有修改余地，保证各地的建议能随时兑现。

方案要顾及各地的需求，比如：在时间安排上，我们内地教研活动的时间安排与香港就不同，我们一般都在一周的某一个下午集中安排某一学科教师开展教研活动，香港则没有这个制度。香港的假期也与我们不同，他们有复活节、耶稣节假期，我们没有。内容上：在学生交流中香港希望学生的普通话水准得到提升，我们内地则希望学生英语会话能力能得到加强。在形式上：香港的学校比较自由，内地则比较严谨些。

2. 收集互动资料，制定活动议程

(1)落实各地的联络人和技术人员，保障活动准备工作的有序进行。

由于空间的阻隔，即时的联系显得更加重要，所以每地必须有一位联络人，告知各自的联络方式，现在一般我们都留有手机、MSN、QQ 等联系方式，平时，一般用 MSN、QQ 联系，紧急情况下才启用手机联系。由于我们的远程视频即时交流是基于网络、音响、摄像等技术，因此，对于技术的保障可以说是保证活动成功的最基本要素。同样技术人员的联系方式也要互相告知，便于沟通与交流。现在，我们开展远程交流有一个趋势，由于活动对技术的高度依赖，有些学校干脆把联络人与技术人员合而为一，也是不错的选择。

(2)及时收集有关活动资料，保证活动内容的充实而多彩，防止异地互动的同质化。

活动资料的收集是一个重要的环节，例如：三地校长论坛的参与者名单，参与发言的主题和发言提纲，参与点评的嘉宾，各地的领导等都需要一一落实，这就需要联络人员反复地沟通，落实有关活动的人员，再告知主办单位的联络人，发现情况有变动就必须第一时间进行沟通。特别是一些活动的内容，以五地网上庆新春活动为例，在节目的报送阶段就必须防止节目雷同和重复，如节目中都是器乐演奏，其他形式缺乏，或者两地学校都表演同一首合唱歌曲等。这在活动资料收集阶段就要及时沟通，防止这些现象的出现。

(3)及时拟定活动议程，明确各地互动时间，保证活动时间的可控性。

活动的议程是保证活动顺利进行的必要手段。在确定各项活动的内容后，就需要确定活动的议程，由于前期对活动内容进行了大量的沟通，所以，活动议程的重点是时间上的安排。与其他大型活动的议程不同，不光有具体工作人员的落实、活动的顺序安排，最重要的是明确每个交流环节的时间，保证每个环节时间的可控性，防止交流活动时间的无限制拖延。例如：在三地校长论坛活动中我们就明确每位校长的主题发言不得超过10分钟；自由发言不超过2分钟，人数不超过2人；嘉宾点评不超过3分钟等。一旦有校长发言时间接近10分钟，就及时提醒结束发言。

(4)协商确定活动议程，激发各地参与的积极性，满足各地的不同需求。

活动议程安排必须进行协商，兼顾不同地方的要求，比如谁先上，谁后上；重点介绍谁，怎样介绍等。由于各地文化不同，有些活动的顺序还要考虑到不同地方的需求。介绍各地嘉宾的时候，这些嘉宾的介绍顺序也需要事先商定，不至于产生不必要的尴尬。在议程确定后，还要通过网络及时传给其他地区，征求他们的意见，以便及时修正。

3. 调试网络设备，保证音画流畅

(1)设备调试，网络带宽是基础。

设备调试是每次活动的重要环节，每次活动建议测试三次，一周前测试一次，活动前一天测试一次，活动前 2 小时做最后测试。网络带宽是保证远程视频即时交流的基础，一般要求网络至少有 2 兆的稳定带宽，如果可以专线连接开展活动就更好了，由于南海与香港有 10 兆的专线，所以开展交流活动的网络基础就得到了充分保证。我们宁波市江东区也开通了连接南海的专线，与香港、南海的活动就有了网络保证。如果没有稳定的网络，那么网络阻塞就会造成画面停滞、声音中断，严重影响交流的音画效果。

(2)一地好，不算好，大家好才是好。

设备调试不能光考虑自己一方的效果。因为，远程视频即时交流是一个多方面的合作成果，没有各地的合作就无法有一个好效果。一句话：一地好，不算好，大家好才是好。因此，要求技术人员必须多次参加联合测试，不能怕麻烦，认为自己一方已经多次参加活动，技术上绝对没问题。我们在多次活动中发现，有些学校如果前一天设备调试效果良好，在活动开始前 2 小时就不再进行最后调试，直接开始活动，等活动开始后发现问题就会手忙脚乱，不但影响自己方面的情绪，也影响其他参与学校。

(3)良好的合作是实现设备良性运行的关键。

远程视频即时交流是一个多方合作的成果，我们各地技术人员必须精诚合作，互相交流学习，切磋技术，共同提高网络、音画保障水平。网络技术的发展是一个不断进步的过程，远程视频即时交流也在不断与时俱进，不断应用新技术提高远程视频即时交流效果。

所以，虽然每位技术人员都有自己的一份工作，但仍需要挤出时间来参与远程交流设备的学习和调试。

4. 通信联络畅通，保障即时互动

(1)网络设备的不确定性，决定了随时要进行调整，需要及时联系。

在实际操作过程中由于网络设备的不确定性，因此需要随时联系。例如：在对话过程中对方的话筒没有及时关闭，造成声音的回路；或者学生没有打开话筒就开始交流等问题，就需要及时沟通。因此，我们在活动中一般要求

MSN、QQ必须线上，随时进行联系。

(2)活动场面的区域性，决定了随时要进行调整，需要即时联系。

在三地以上开展活动，由于对其他各地发生的突发情况不能及时了解，开展活动就会出现冷场或无法继续进行的尴尬。这就需要我们在网络视频交流之外，开辟另一个交流通路——MSN、QQ，关键时刻还需要手机进行直接联系，这就要求我们的技术人员的手机在活动期间必须保持待机状态，随时关注手机上的信息。

(3)交流状况的滞后性，决定了随时要进行调整，需要及时联系。

在远程视频即时交流中有时会出现声音滞后，或者声音、画面中断的情况，这就需要其他点及时给予告知，以便随时调整声音和画面，或者是网络设备。在实际的操作过程中，常常会出现我们这边看到交流声音和画面流畅，但是对方却是断断续续，甚至中断的现象。所以，开展大型活动一般都应该有一个独立于网络视频即时交流之外的通信联系，而且，所有的通信设备必须保持联系状态。每一次成功的远程视频即时交流活动都是各地同仁齐心合作的成果。远程视频即时交流可以打破空间的阻隔，把远在千里、万里的人们聚集在一起进行交流，但是，它的局限性也是显而易见的，那就是对网络技术的依赖，一旦网络设备出现问题，就不可能进行补救。但是我相信，随着网络技术的发展，网络远程视频即时交流会像我们现在打手机一样方便、快捷。期待远程交流的春天快一些到来，为提升教育品质插上腾飞的翅膀。

（宁波市太古小学　马任）

开展多地远程节庆活动的方案策划

随着教育信息化的不断发展，远程互动教育教学模式正在逐步开展起来。近几年，我校参加了“视像中国”远程教育项目，参与了多次远程互动交流、远程课程交换、远程英语故事、辩论赛，以及弘扬民族文化、异地共庆“六一”等活动，有了一些思考，愿与同行交流。

1. 远程教育异地互动，“择”而行之

在网络环境下远程互动交流模式是当代社会经济和科技发展到了相当程度

而出现的一种新的远距离教育模式，它利用远程互动教育教学模式系统进行远距离教育，实现了异地同步的图像、声音，以及教育教学模式双方的交流互动、活动演出等形式，实现了传统远程教育可望而不可即的目标。经过我校近几年的探索和实践，我认为，远程互动的异地节庆活动体现了研究性、辐射性、互动性应用等意识形态，它有利于优质教育资源共享，带动边远和欠发达地区的教育发展，促进教育均衡。

节庆活动有着共同的主题，不同的风俗，互动中应该有选择性地进行。

(1)择“优”而行

择“优”而行，就是要选择节庆活动理念新颖、教育启示风格独特、教育活动技艺精湛的优质教育资源；选择共同性题材的、适合双方师生的、设计新颖的活动。这些节庆活动的设计要在充分符合双方学生和教师特征的前提下，找准双方师生的平衡点，巧妙地选择切入点，让双方师生都有学习的欲望和兴趣，使双方学生都能有效地得到发展。要避免以发达地区师生认知水平为标准或以欠发达地区学校师生认知水平为标准，避免形式上的、演示性的、双方无获的远程互动视频教育活动模式。

(2)择“的”而行

择“的”而行，就是要选择明确的节庆活动目的。远程互动教育教学模式可以让优秀节庆活动的教育理念、教育风格、教育技巧得到有效传播，从而让教师的专业化水平得到提升；可以使异地独特的教育资源得以分享，拓展学生视野；也可以让双方学生进行高效的合作学习，增强合作能力。在活动前，活动双方就要选择和协调好教育活动目的，在进行教师选择、学生确定、活动设计等时，就要围绕选定的目的进行，确保互动教育活动实施过程达成目标。

(3)择“难”而行

择“难”而行，就是选择一方引领、各方参与的活动来进行。远程互动活动的主要目的是让优质教育资源共享，使欠发达地区教师和学生在发达地区教师和学生的带动、引领下得到新的发展。而“视像中国”远程教育项目，正是我们开展远程节庆活动的领路人。因此，教育活动就要选择学校现有条件难以实现的教育方法和手段，教师现有水平难以突破的教育理念，学生所在群体难以激荡思维的教育知识点来实施，在这些难点处教出精彩、收获意外。我们不提倡开展平平淡淡的、没有必要的、无效的以及现有条件和师生不能做好的远程互动教育活动，造成时间精力的浪费。

(4)择“机”而行

择“机”而行，利用“视像中国”这一平台，选择良好的时机进行远程互动节庆教育活动。这个时机就是确定了明确的互动教育活动目的、选择了优秀的教师、双方师生深入沟通了解、进行了巧妙的活动设计、选取了互补的教育资源、双方有了全面准备、达成了活动共识的时候。

2. 教育教学模式过程，行而“动”之

远程开展节庆活动的过程，确实是个“互动”的过程，如果缺少互动就失去了意义，就成了“看电视”的过程。因此，远程互动教育过程，应充分体现“动”性。

(1)主导教师要主动

策划者作为主导教师，要发挥主导作用，主动地与配合教师联系，了解学生、教师、学校的实际需求；初步的节庆教育活动设计形成后，主动与配合教师交流，争取其配合和支持，听取改进意见和建议，找准结合点和切入点；在教育过程中，要主动联系配合教师，让配合教师在活动中，组织好远程合作讨论、互动交流、学习发言、学生表演、活动辅导等；活动后，要主动在配合教师、学生处收集反馈信息，做进一步的交流、学习和指导，把活动融合成自己的资源。

(2)配合教师要行动

课程教师作为配合教师，要积极配合主导教师的工作，真正、真心、真诚地向主导教师提供师生教和学的信息；提供合理、有效的教育活动建议；全面参与过程就是学习和指导的过程，要坚持自己的教师地位，坚守自己的教育阵地，发挥自己的组织、配合和现场指导作用；活动后，要收集学生的学习信息，把学生的信息和自己的收获、建议等及时反馈给主导教师；活动结束以后，要主动与主导教师交流、探讨一些自己需要解决的问题，不断提高、完善自我，把优秀教师的指导作用长效地发挥出来。

(3)教育活动过程要生动

主导教师在教育活动过程中，要采取灵活多样的组织形式，调动双方学生的学习积极性和参与的主动性；要真正为学生搭建平等的学习和交流的平台，创设平等、和谐、竞争的学习氛围；要给配合教师协助和发挥的时间与空间，要为双方学生在自己水平上的发展创造机会，使异地学生都有新的收获。把教师的主导作用和双方学生的主体作用协调起来。

(4)双方师生要互动

在活动过程中，不仅需要主导教师与双方学生做好互动，双方教师也需要互动。主导教师在发挥主导作用的同时，要给配合教师提供协同的机会，必要时可让配合教师来执行一些教育环节，参与互动，共同体验成功，从而使配合教师得到锻炼和发展。双方学生更要互动，要设计好互动环节和内容。主导教师要把双方学生融合起来，一视同仁，努力调动双方学生的学习积极性。双方教师要组织好本地学生积极参与互动，让学生在互动中学习、在互动中锻炼、在互动中收获。

总之，远程互动节庆教育活动模式方兴未艾，还需要我们广大教师去不断地探索、实践和研究，努力实现优质教育资源共享，使之更加有效地为促进教育的均衡发展，推进教育公平，提高教育质量服务。

（梅陇小学）

远程教学活动的准备、实施与评估

随着科技的日新月异，要善用远程教室开展远程视像学习，我们必先要做有系统的预备。以下介绍教师在开展远程教学活动的课堂前准备、课堂计划、课堂实施及课后评估上的建议事项。

1. 远程活动课前准备注意事项

远程视像教学课与一般的传统课堂在课前准备上有以下不同的地方。

时间安排：传统课堂一般已经有指定的上课时间及日期；而远程教学是可以在不同时段进行的，而且可以有不同形式、不同科目的参与。

环境及地点安排：传统课堂，除实验课、音乐课或电脑课外，一般都可以在任何课室进行，但视像课，我们会建议于远程教室进行，因为远程教室有足够设备能提供良好的教学环境。

人力资源安排：传统课堂一般只包括一科的课堂，并由一位教师上课；而视像课由于非常弹性，又可以用于不同科目，所以在人力资源上亦有很多不同，需要参与的不只是一位教师，亦会包括技术人员等。

活动资料草拟：传统课堂一般都已经有一定的教学方式及活动，在调节上亦比较容易；而通过网络进行的远程视像课，由于参与的学校可多于一间，所以事前的安排及计划是非常重要的。

技术支援：传统课堂一般电脑出现故障时才需要技术支援；而通过远程视像进行的课堂，为确保课堂流畅，一般在课堂前会要求进行技术测试，在活动时建议有技术人员协助。

由于有上述因素，以下会详细说明有关部分在远程交流课所需要的准备。

(1)时间安排

①不同类型活动所需的准备时间

- 汇报及讨论活动(需要课前准备)

初次活动，建议于最少两星期前通知参与学校，以便安排学生及让学生搜集资料。

如已进行多次同类活动，建议于最少一星期前通知参与学校，以便安排学生。

- 谈天形式的交流(无须要课前准备)

初次活动，建议最少于一星期前通知参与学校，以便安排学生。

如已进行多次同类活动，建议于最少两日前通知参与学校。

- 大型活动(典礼、表演、示范或多点联课)

初次活动，建议于最少一个月前通知所有参与学校，以便安排学生及准备活动，此外，亦建议于活动前最少两星期开始进行最少两至三次彩排，以确保流程顺利。

如已进行多次同类活动，建议于最少两星期前通知参与学校，以便安排学生及准备，此外，亦建议于活动前最少一星期进行最少一次彩排，以确保所有参与者清楚活动流程。

- 无论是哪一类型的活动，都必须要安排双方学校的技术人员跟进测试技术等问题

初次活动，建议最少测试三次，一般建议于活动前最少一星期做第一次测试，并于活动前一日做第二次测试，及于活动进行前两小时前做最后的测试。

如已进行多次同类活动，建议最少测试两次，一般建议于活动前最少两天做第一次测试，以及于活动进行前两小时做最后的测试。

②活动进行时间(开始及结束)

- 课堂时间进行，必须在每次活动前清楚告诉各方开始时间及结束时间，以便安排课节。

- 课外时间进行，必须在每次活动前清楚告诉各方开始时间及预计活动时间，以便安排人手。

但不论是哪个类型的活动及进行时间，都必须于活动前安排一位联络人，作为计划及活动统筹。并建议如果是学生交流课，在活动开展的前一星期先进行教师共同备课，以提升课堂效能。

(2)环境及地点安排

如属于大课(多于十名学生)或大型活动，建议学校于远程教室进行视像交流活动。此外，要注意录像机数目，多于二十人，建议有两台录像机，一台拍摄发言中的参与者，另一台预备拍摄下一位将要发言的参与者。

如是一位教师对少于五名学生，或四至五名学生交流，除利用远程教室进行外，亦可于任何安有相关视像会议系统电脑及扬声器的地方进行。但进行前必须要测试，并确保系统已经成功安装于使用者端。

(3)人力资源安排

①教师(指导者或参与者)

- 作为指导者及联络人，也是学校与学生的中间人

负责安排及计划活动的日期、时间及活动流程。

负责培训及带领其他教师或学生参与活动。

- 作为参与者

负责聆听、发言及回应。

②学生(参与者)

- 负责汇报、发言、表演、聆听及回应。
- 负责课前准备资料搜集、整理及制作课堂汇报档。

③技术员

- 负责视像会议及网络技术。
- 负责技术人员间的联络及网络连线。
- 负责活动前技术测试。

注意：建议各地进行任何活动都必须先安排一位主持人及一位总主持控制

整个活动流程。

(4)活动资料草拟

①形式

- 要清楚知道活动的形式，因为不同形式的活动所做的准备会不同。

②语言

- 不同地区会有不同语言，所以要在活动前清楚说明所用语言。

③主题

- 要制定每次活动的主题，以便开展活动前做有方向的资料搜集。
- 要订立子题，因为每所学校会分工搜集材料。

④科目

- 要选定相关科目，由专科教师协助同学搜集资料及组织资料。
- 如果是跨科活动，须选定联络教师，以组织学生及教师。

注意：在磋商时必须先要有草拟的活动资料，以方便邀请其他学校参与。另外，通过填写远程课堂前备忘(见附件5.1)，让教师及负责联络的同事，能清楚了解活动的相关联络人及有关情况。

2. 远程活动课堂设计注意事项

在计划课堂或活动时，有以下事项必须要注意。

(1)时间(课长)

基本上课堂可以安排在任何时间进行，但要在计划时预计实际时间(开始及结束)。如课堂或活动与科目课堂有关，建议安排于放学前的课堂进行，这样可以保证技术人员有足够的时间测试；同时活动超时不会对下一堂课造成影响，参与者可放心交流。

需要注意的是，课堂的长短会直接影响参与者的表现，过长的活动会令参与者专注力下降。

(2)地点

建议于远程教室进行所有远程视像交流活动，因为这是特别为远程交流活动而设计的专用课堂。

不同的地点进行活动时要注意参与者座位安排：一般发言的参与者座位在第一排，但要视乎教室的大小及活动的类型；如果是表演，要注意地方大小、录像机摆放位置及数目。

(3)课堂流程

①开始(约5分钟)

- 由总主持介绍活动及介绍各地方的主持人。
- 如果是课堂可先玩一些小游戏或自我介绍，让参与者熟识对方及环境。

②主体(约30分钟或以上)

- 课堂一般约30分钟，让同学汇报、讨论或交流。
- 表演活动一般约1小时，让同学进行不同形式的表演。
- 典礼活动一般约30分钟，由教师或学生主持，会有介绍及交流，时间长的可安排表演。

③总结(约5分钟)

- 由总主持总结活动。

最后，通过填写远程课堂报告(见附件5.2)，让教师了解及反思有关该节远程教学课的成效。

3. 远程活动课后跟进注意事项

教学除了要能把目的及目标达成外，评估及跟进各个活动对于了解活动成效都很重要，为此我们有以下建议。

(1)课后跟进活动

一般的课堂都可以配合以下几项跟进的工作。

工作纸：让学生了解及巩固知识的方式，亦是最快见到成效的方法。

网上日志：为学生提供平台，作为反思的工具，为他们建立分享文化，建立知识社群。

网上讨论区：让他们于网上平台上与朋辈及教师有更多的交流，为他们深化知识。

网上学习平台：让学生可以于网上重温活动、回答问题、填写问卷调查及进行其他网上活动。

(2)课后评估(问卷调查)

我们希望在课后评估了解每位参与者对于视像学习课堂的成效见解，所以除了要做课后跟进活动外，我们亦建议学校为活动做出评估。评估建议包括以下几个范畴：课堂与课程的相关度、课堂上让学生反思的机会、课堂上的教学互动、导师及技术人员的支援、朋辈支援及学生对课堂传译内容的理解等。调查问卷见附件5.3。

（香港圣文德书院　刘蕙薇）

附件5.1

表5-1　进行远程课堂前安排备忘(参考)

形式：
科目：
主题：
语言：
举行日期：
举行时间：

参与对象

年级：
人数：

参与学校资料

学校名称	负责老师姓名	负责老师电话	负责老师邮箱

参与学校技术人员资料

学校名称	负责技术人员姓名	负责技术人员电话	负责技术人员邮箱

课前安排

1. 各学校所需准备的资料
2. 各学校主要发言人(教师/学生)安排
3. 技术人员测试日期及时间
4. 各校教师共同备课/课程讨论/课程修订
5. 学生座位安排
6. 课后习作/反思/回馈方式

附件 5.2

表 5-2　远程课堂课前安排

名称	
主题(如有)	
科目	
参与学校	
参与对象	
参与学生年级	
参与学生人数	
举行日期	
举行时间	
交流语言	
内容/策略	
目标/重点	
成功准则	
备忘	

* 请将不适用者删除

** 请于活动前提供所需档案

表 5-3　远程课堂流程

本节教学目标	
本节教学流程	
参考数据	

表 5-4　远程课堂报告

1. 实施成效	
2. 学生表现及反应	
3. 评估及检讨	
4. 课堂分析	
5. 老师/学生心声	
6. 相片	

* 为方便工作人员工作，请于文件名前，加上学校的校名。

附件 5.3

表 5-5　远程视像交流问卷调查

1. 交流的日期及时间：______________________________

2. 你是哪一个年级的学生？小学　/中学＊　年级______________________

3. 本次活动参与的学校有多少间？________来自哪个地区？______________

4. 你是否第一次参与视像交流活动？是/否＊　（如否，请问第几次呢？__________）

5. 课堂主题是：__________________课堂形式：教师教授/学生交流/其他＊

＊请删去不适用者

＊请删去不适用者

＊＊表现指标：1（非常不满意）→5（非常满意）	1	2	3	4	5
A. 课堂相关性					
1. 远程视像课堂的内容有吸引力					
2. 远程视像课堂所学对我的学习有很大的帮助					
3. 远程视像课堂所学与我的学科很有关系					
B. 课后反思					
1. 我有反思于今堂所学					
2. 我有反思于今堂中，自己所参与及所发表的					
3. 我有反思于今堂中，别人所提出的意见					
C. 课堂互动					
1. 我积极参与课堂讨论					
2. 我向其他参与者发问					
3. 其他参与者向我发问及给予我回馈					
D. 导师的支持					
1. 导师能刺激我的思维					
2. 导师鼓励我们参与课堂					
3. 导师给予我好的榜样，让我有反思空间					
E. 朋辈的支持					
1. 参与者间互相鼓励课堂参与					
2. 参与者欣赏及肯定我于课堂的参与					
3. 参与者与我感同学习的热诚					
F. 内容传达					
1. 我完全明白参与者所传递的讯息					
2. 参与者完全明白我所传递的讯息					
3. 我完全明白导师所传递的讯息					
4. 导师完全明白我所传递的讯息					

续表

＊＊请于适当位置画“√”

写出你对本次交流活动的感想及希望改善的地方。(最少 100 字)

																				20
																				40
																				60
																				80
																				100
																				120
																				140
																				160
																				180
																				200

课后练习：

1. ×××
2. ×××
3. ×××

开展远程交流活动的技术支持

2008 年初，栋木小学作为江东区首批会员学校之一，加入了“视像中国”远程教育项目。六年来的实践活动，我们借助“视像中国”平台，分别与新加坡、马来西亚、香港、上海、广东、重庆、江西、浙江等国际、国内、省内有关学校开展了一系列的远程交流活动，拓宽了我校师生的教育教学视野，促进了师生素质的提升，为学校的发展提供了新的途径和广阔的舞台。作为长期在第一线服务于“视像中国”活动的技术老师，技术的变革和创新为视像中国活动带来更广阔的发展前景，我们也在这个过程中收获着成功与快乐。

1. 思然后知不足，知不足后思进

(1)活动频繁，但具有随意性

2008 年 5 月，我们组织由四名学生组成的代表队，参加了宁波香港两地网上辩论赛，围绕“课外补习是不是有效学习的主要途径”这一辩题，与香港坪石天主教小学的辩友展开了激烈的辩论。2009 年 3 月，我校五年级代表队与香港中华基督教会拔臣小学、宁波市东柳小学、太古小学的同学，借助“视像中国”平台举行了普通话看图说故事比赛，两地学子共话游泳安全。2009年4月至5月期间，我校与广东省佛山市南海区狮山镇官窑中心小学合作，开展了“品味儿童文学，打造书香校园”名著阅读的远程研究和交流，共同阅读世界著名童话故事《安徒生童话》……2008年后，以“视像中国”为平台的各种交流活动如火如荼地开展起来，当起初新奇的感觉和激动的心情渐渐平复时，我们也发现活动不能有效地结合课程，主题较分散，有很多随意性。

(2)技术参与，但具有烦琐性

那个时期活动开展比较频繁，内容也十分丰富，但由于活动地点不能固定，有时在演播室，有时在多媒体教室，活动开展前，设备的搭建和调试往往要占用比较多的时间；活动结束后，这些教室还要进行正常的教学活动，设备的拆除和归整又要花费一定的时间和人力。技术老师疲于体力劳作，工作量无形之中增加数倍，极为辛苦。

(3)硬件跟进，但具有单一性

我校为保障“视像中国”活动的顺利开展，购置了一套相对完整的设备系统，包括数码摄像机、1394采集卡、多媒体电脑、音响设备(无线话筒、调音台)等，使用AVCON软件，通过1394卡采集数码摄像机的视频信号，并把图像和声音信号通过网络进行传输。经过这一阶段的活动，我们逐渐发现了这套硬件设备的局限性：由于只能使用一个摄像机，提供单一画面，在遇到讲座或者是授课类型的交流活动时，需要课件画面或师生多个画面时，这套设备就无能为力了。虽然多路视频切换设备能解决这个问题，但它体积过于庞大，且价格昂贵，令学校望而却步。所以这个时期的“视像中国”活动主要是单向交流性质的，我们一直梦想能有一个设备齐全，功能多样的专用教室，来满足不同需求的视像中国活动。

2. 山重水复疑无路，柳暗花明又一村

(1)硬件环境的升级

2010年8月，我校配置了微格教室。从技术模式来看，微格教室由摄像机、视音频切换器、混音器、监视器、云台控制器和吊咪话筒等多种视听设备构成，并通过视听技术手段实现教学实况录像、播放、转播、监控和示范教学

等功能。通过多媒体计算机实现对各室的录像、播放、转播和监控，并实现对各室摄像机云台的控制。从系统的组成原理来看，微格教室都是由视频摄像系统、音频系统、切换、转播系统和录像播放系统等部分构成的。而视像中国活动主要通过 AVCON 远程视频会议系统来实现的，我们只要利用微格教室设备，从视频摄像系统和音频系统中为 AVCON 软件提供可靠、稳定的音视频信号，就能利用微格教室开展“视像中国”活动了。可以说微格教室的建立，为“视像中国”活动带来了新的契机。

(2)技术手段的改进

如何在微格教室利用教室现有的设备开展以远程课程交流为主的“视像中国”活动，成为技术老师面临的挑战和急需解决的难题。

通过对微格教室设备的观察和研究，我们发现视频摄像系统中的录播主机通过 VGA 接口能输出一路视频混合信号，而音频系统中的混音器通过 6.35 的音频接口也可以输出一路音频混合信号。在最初的测试中，我们联系了区装备中心的技术老师与我们进行区域内调试，那时使用普通视频采集卡采集录播主机 VGA 混合信号，虽然效果一般，但也可以实现微格教室多个摄像头的视频画面接入。可是，最大的问题还在于声音方面。用微格教室的混音器输出声音直接通过声卡采集传给对方有严重的回声问题，同时从对方过来的声音又被微格教室的吊咪采集，再一次通过 AVCON 传输给对方，使对方不断地听到自己的声音，造成循环回声。如果降低吊咪采集灵敏度，回声现象虽能好转，但对方也很难听到本方的声音了。在进退两难的时候，我们也尝试过一些折中的方案：一是放弃使用微格教室的音频设备，继续使用无线话筒，因为无线话筒是短距离指向型的，不易造成回声；二是对方的声音不通过音响播放，而是使用耳机。但这些折中的方案都会让微格教室开展远程课程交流活动的质量大打折扣，带来很多不便和遗憾。

在区装备中心技术老师的大力帮助下，经过反复调试、改进，我们逐渐发现对进出两路音频分开处理是有效抑制回声的关键所在。我们通过调整混音器各吊咪的采集音量，把吊咪的灵敏度调整到临界点；混音器输出的声音在传给对方前，增加一个具有反向抑制回声功能的调音台进行有效滤波和整形；对方过来的声音与微格教室音频系统分开进行独立播放，并在 AVCON 中开启回音抑制功能等多种方法，成功提升了声音的传输质量，有效地控制了回音的产生。在视频方面，我们采用多路高清采集卡，视频画面质量明显提升，并且实现了教师、板书和课件画面的三位一体传输。

微格教室通过简单改造，为远程课程交流活动提供了重要的技术支持，比起以往的视像中国活动，其技术多样性的优势是显而易见的。（详见表 5-6）

表 5-6 不同时期“视像中国”技术后面的活动特点

不同时期的“视像中国”活动	以讲故事比赛、课本剧表演等为主的活动	以微格教室开展远程课程交流为主的活动
技术层面的活动特点	1. 以单向交流为主 2. 依靠一个摄像机和几个话筒，无法准确地实施多画面的切换 3. 多人同时发言时，声音的采集有问题	1. 多路视频信号并存 2. 能方便地在教师画面、学生画面、板书画面三者之间轻易切换 3. 增加课件和展台信号，可独立传输 4. 不需要手持话筒，可实现教室内教师、学生、课件等多路声音同时传输

(3)活动样式的转变

2010 年 10 月，以我校微格教室为主会场的江东区“估算”主题数学教学互动式网络研讨活动顺利举行。本次活动借助“视像中国”网络平台，在区内几所学校间进行了跨校的数学研讨活动，就如何借助“视像中国”互动式网络开展跨学校、跨区域的网络教学进行了大胆的尝试，并取得了圆满成功。我们在技术层面的实践经验也在全区得到推广，那次活动也成为在微格教室开展远程课程交流活动的典型范例。

从 2011 年起，我校的“视像中国”活动逐渐转至以上海为中心展开活动。这一时期我们参与的地点也逐步转移到微格教室，参与的内容由学生的才艺活动转变为课程交流，对“视像中国”意义的理解由浅入深，更为全面，我校的“视像中国”项目建设迈上了新的台阶。

3. 删繁就简三秋树，领异标新二月花

(1)课程活动更加常态化

有了这些多样性的技术优势，在微格教室开展以远程课程交流为主的“视像中国”活动更加便捷。

2012 年上半年，我们在微格教室选择了上海七宝中学陈振华老师主讲的

《中华经典文学诵读》课程。陈老师从诵读技巧到文学作品的诵读指导，以高中教师的视角为孩子们解读经典文学。下半年我们又在微格教室选择了上海外国语大学闵行实验学校朱伟强老师主讲的经典诵读《弟子规》课程。朱老师亲切和蔼，课堂上既有抑扬顿挫的范读、领读，又有结合学生生活实际的小故事，在引导学生准确诵读的基础上，穿插了文意的理解和为人处世的道理，学生们专心听讲，认真诵读，整个课堂参与度、活跃度都很好。

我们选择课程的同时，也尝试推出学校的校本课程。2012 年上半年我们选择校本教材《书香栎林》第三册中的“诗经节选、唐诗乐园、趣味成语、课外书屋”等教学内容，在微格教室为江西井冈山龙市小学的三年级学生授课 7 次。下半年又选择《书香栎林》第四册中的“国学拾贝、辞赋漫步、成语擂台、诗情画意、书屋小憩”教学内容，在微格教室为重庆北碚区中山路小学四年级学生授课 8 次。

(2)技术准备更加简单化

实现在微格教室开展“视像中国”活动，从技术上不仅实现了多画面的并存和切换，多路声音的同时传输，更重要的是把技术老师从烦琐的设备搭建和调试中解放出来，轻轻松松地打开电源，登录 AVCON 就完成了所有的准备工作。

(3)师生体验更加多样化

远程课程活动，更使我们走出国门，把交流延伸到新加坡与马来西亚，促进了多地域间的沟通，既为我们学校的发展提供了新的平台，同时也明显提升了教师和学生的综合素质。远程课程的实施使“视像中国”更深入地走进我们的课堂，赋予了“视像中国”更深的内涵和更广的外延。各国各地的教育教学理念有差异，更有互补，借助视像中国，各地学子可以同吟一首诗、同唱一首歌、同读一本书，相关地区的学生之间、教师之间、学校之间、教育管理层之间都有了广泛的接触和交流，而且便捷有效。通过课程交流网络平台，让不同地区之间的学校可以更便捷地看到异地师生的实时课堂，这样的方式扩展了学校教育资源，同时也给了学生别样的远程课堂体验。

通过网络创建新的教育环境，实现教学理念和手段、教学内容和方法的变革是教育信息化发展的必然趋势。展望未来，信息技术和多媒体通信技术在教育行业的不断深化，将是现代教育发展与变革的重要动力，我们完全有理由相信，在这样一个网络时代，在这样一个全球一体化的今天，将会有越来越多的地区和学校、越来越多的教师和学生参与到“视像中国”活动中来，并成为这项活动的受益者。

（宁波市栎木小学　陈峰）

远程交流活动的常态化应用探索

1. 远程网络互动在教学中的应用现状

1998年9月，教育部批准清华大学、湖南大学、浙江大学、北京邮电大学作为现代远程教育(即网络教育)首批试点高校，开始了我国真正意义上的网络远程教育。接着，教育部先后制定《关于发展我国现代远程教育的意见》(1999年1月)、《教育网站和网校暂行管理方法》(2000年7月)、《关于支援若干所高等院校建设网络教育学院，开展现代远程教育试点工作的几点意见》(2000年7月)。同时，教育部还批准中国人民大学等15所高校为开展现代远程教育第二批试点院校。

由于远程教育不受时间和地域的限制，让学习变得更简洁和方便。而且网络作为一种科技含量很高的手段，可以提供个性化或互动性更强的服务，可以提供相对于其他出版物更为先进的、时效性更强的知识和学习方式。网络教育便捷，在学习模式上最直接体现了学习和主动学习的特点，充分体现了发展中的现代教育和终身教育的基本要求。越来越多的教育机构和团体加入到远程网络互动研究的队伍中。现在的远程网络互动教育教学已不仅仅是大学的特权，经过了十几年的探索和研究，远程网络互动教育教学的对象、形式、内涵都有了很大的改变。按应用领域来分，最重要的是利用远程网络互动进行课堂知识的教学，这是远程网络互动应用于教育教学最常见的模式，也是现在比较成熟的模式。近年来更多的界面友好、操作简单、功能齐全的互动式网络课程交流平台也进一步促进了网络教学的发展。现在很多地方也开始利用远程网络互动进行教师培训，利用远程网络互动进行研究型学习的合作，利用远程网络互动进行地区间的教学优势互补。通过不同地区之间，以及学校之间、教师之间、学生之间的有效互动，可以促进不同地区的跨越式和内涵式发展、师生的信息技术素养提高以及专业成长，达到双赢的效果，具有深远的意义。

随着多媒体网络技术的发展，网络速度的提升，上网人群的增加，网络教育发展迅速。但是，网络教育作为一个新兴的学习和交流方式，还存在一些问题。有时由于国内带宽的限制会影响到网速，进而影响了网络课件的播放品质和网络交流的流畅性；缺乏面对面教授的特点使得教师即时交流的互动性受限等。在进行远程合作交流的时候，还有双方时间和观念差异造成的不同步。而在观念上，面对迅速兴起的网络教育，普遍存在思想观念准备不足，觉得远程网络互动教育教学可有可无，教师和学生的参与度低，网络课程不够丰富等现象。

2. 远程网络互动在教学中的常态化应用探索

远程网络互动在教学中应用的模式，一般包括同步、非同步两种形式。从活动的策略上来看，有常见问题讨论、个别辅导、学生交流这样几种类型。对于远程网络互动优缺点的研究也较为多见。以下主要结合参与多年的远程网络互动活动，从“对象、内容、形式”三个方面进行探讨。

(1)基于远程网络互动对象的研究

①以学生为对象的远程互动形式

互动性是网络的重要特性，有效运用远程网络互动更加利于充分发挥学生在课堂中的主体地位。

设计以学生为对象的远程网络互助，需要注意的问题有：

- 网络特性对于活动过程的影响；
- 文化差异对于活动产生的潜在影响；
- 学生交流过程中的礼仪；
- 学生对于文化差异的包容性；
- 学生的话语风格与班级管理如何结合；
- 适合远程网络互动的教学策略、活动策略；
- 教师如何对活动进行评价。

②以教师为对象的远程互动形式

如果从学生、知识、管理、研究、合作来概括教师专业化发展的主要方面，利用远程网络互动拓宽研究、合作的范围与途径，促进教师专业化发展，也是远程网络互动中值得关注的问题。目前，各地以教师为对象的远程网络互动形式并不少见，例如网上论坛、讨论群组、视频会议、网络培训课程。这些远程互动形式有着各自不同的特点，依托目前的信息技术，远程网络互动中视频会议的范围更加广泛。我们曾经尝试与其他省市的学科教师就高三政治备课组进行交流，也组织过区域内不同学校社团辅导教师的交流活动。在这些活动中我们发现：

- 反思性实践是目前以教师为对象的远程网络互动中最主要的方式；
- 地区差异是双刃剑。既是各地教师取长补短的主因，又容易遇到经验、成果在本土化过程中的障碍。

表 5-7 远程互动形式的特征

类型	特征
网上讨论	通过论坛发帖讨论等方式交流，时效性难以得到控制，结果通常不容易评价
讨论群组	讨论群组的专业性、主体性较前者更强，但也存在交互性不高的问题
视频会议	在特定区域内较为常见的远程网络互动形式，需要对于主题进行严格的控制
网络培训	往往以视频演示、PPT 演示为主，并结合以上多种形式。对教师自身要求较高

(2)基于远程网络互动内容的研究

①语言类

围绕语言类主题所开展的远程网络互动可以算是最为广泛的应用之一。在此类活动中经常需要考虑的问题包括：

- 明确第二语言在本土语言中的地位与意义；
- 教学设计需要围绕学生的日常生活开展；
- 巧妙利用不同语言之间的衍生关系；
- 如何利用语言差异使得语法知识的学习更加生动。

②节日风俗、校园节日类

这两类的远程网络互动通常都围绕特定的主题，比如春节、端午节、母亲节、校园读书节、毕业典礼、社团活动展示节等。此类活动的形式活泼生动，通过同龄人的言行，在潜移默化中改进学生的情感、态度、价值观。无论从形式还是主题，都是深受学生喜爱的一类远程交流活动。我校师生参加过远在马来西亚沙巴的中学生朋友们的毕业典礼；在 2008 年四川大地震之后，我校参与了由香港电台发起的抗震救灾活动；也与四川都江堰的同学进行了学生会工作开展的交流会。相信技术的发展也将会更加丰富此类活动的开展。

③探究活动类

探究类课程在内地各省市中小学课程中的应用各不相同，但是探究类课程越来越多地被划入既有的课程体系，成为课程结构的一部分。远程网络互动技术对于探究性课程的建设也是一个非常有意义的尝试。我们曾经在三地开展过四校的关于天气探究的课程探索。在整个活动中，学生更加方便、深刻地认识到不同地区之间的差异。教学目标能够较容易的实现。当然，此类活动的教学设计如何进行还是一个非常值得深入研究的话题。

(3)基于远程网络互动的工具研究

此部分将重点介绍在远程网络互动中我们所使用到的技术与工具。

①四分屏点播

四分屏点播软件通过四通道视频采集来实现对整个教学环境的全视角录制，包括多角度教学场景及教学课件荧屏资讯，可以实现整个教学过程的完全再现。

与一般使用的录影分析工具相比较，“全视角教学录影分析”软件有两个特点：

- 四通道视频采集：多视角、多荧幕的展示课堂的每个角落；
- 注解功能：教师或者通过此软件观看课程录影的人，都可以方便地在任何时间为课堂录影添加文字批注。这将更加有利于新教师技能培训、听课评课的日常工作。

②网络点播—互动

网络点播，属于视频会议的一种基于软件的应用，是通过电视(或多媒体设备)和通信网络召开会议的一种方式。在召开会议时，处于两地或多个不同地点的与会代表既可以听到对方的声音，又能看到对方的形象，同时还能看到对方会议室的场景，以及在会议室中展示的实物、图片、档案等，缩小了参与者距离。

③管理网站

远程网络互动管理网站，是基于较为成熟的远程网络互动群体开发设立的。通过网站可以集合不同地区的学校与管理机构，提供不同类型身份的认证。设计好的远程网络互动活动可以方便的通知到其他地区的学校与教师，并及时得到响应。同时这也大大缩减了由于跨地域工作所造成的技术人员、联络人员的消耗。

3. 结束语

远程网络互动技术的发展已经，也必将继续应用到教育教学领域，虽然我们在实践过程中遇到了来自技术、理念等方面的困难，但一直尝试从教学形式、课程结构、合作模式、管理方式等方面进行新的探索。我们相信随着技术特别是网络互动技术的发展，会有更多更好的经验得到推广与应用，这势必将推动信息技术视角下教育的进一步发展。

（上海市七宝中学　朱莉　光佳）

中学生网络课程开发的实践及思考

从 OCW（开放课件运动）到 MOOC（大规模开放网络课程），利用网络技术共享优质教育资源的运动正在实现从“教”到“学”的转变。但无论是 OCW 还是 MOOC，都是面向成人学习者的，如果将网络课程引入中小学，是否可以推进中小学的课堂教学改革，促进以课堂学习为主向多种学习方式的转变？这显然不是一蹴而就的过程，而基础教育和高等教育的区别，以及中学生与成人学习者的差异也增加了面向中学生的网络课程在开发和实施上的难度。面向中学生的网络课程属于课外拓展，非现行的学科教材。相对于成人学习者，中学生的自主学习能力较弱。另外，成人学习者比较熟悉网络学习环境，且具有较为明确的目的性，因此学习动机较强，而中学生恰恰在上述方面显得不足，加之课程内容为课外拓展，更削弱了学习者的学习动机和学习动力，易导致学习效果不佳。不过，这些困难不会阻挡前进的脚步，反而促使我们更加全面、深入地思考应该如何为中学生创设网络课程。

1. 课程开发探索与体验

一门网络课程的从无到有必然会经历一个过程，而这个过程是迭代向前的。《触摸信息技术前沿》这门网络课程于 2012 年底开始策划，2013 年 3 月正式上线开课，现已开展了 2 个学期，目前正在进行第三轮的实施。作为“初探者”，在这一年多的时间里，我们不断探索、反思，在努力提升课程品质的同时，也是自我不断进步提高的过程。通过实践，我们总结出了网络课程开发的一般流程，如前所述，这个开发流程是循环迭代的，每一次循环都会经历如图 5-2所示的 4 个阶段。

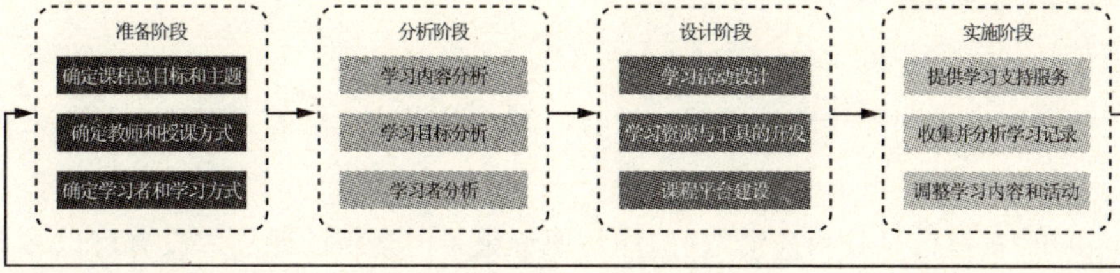

表 5-2 课程开发的四个阶段

(1)准备阶段

准备阶段在第一轮课程开发中是最核心的，也是迈出的第一步，它起着统领和指引方向的作用。

①确定课程总目标和主题

秉承“视像中国”计划发起的初衷和长远发展目标，提出网络课程的总目标：培育学生良好的信息素养；促使学生理解并主动适应信息社会的发展；增进学生的网络化学习体验；拓展学生的学习视野。参照课程的总目标，我们最终将课程主题确定为“信息技术前沿”。信息技术对人类社会的深远影响不容忽视，选择这个主题的目的就是希望让学生以信息技术为切入点来更好地认识我们身处的社会和时代，并以信息技术领域的前沿动态作为主要内容丰富学生的知识结构，拓展学生的视野。

②确定教师和授课方式

网络课程以高校教师作为课程主讲教师，研究生团队作为课程助教，从而更好的保障课程的管理和实施。我们的课程面向多个城市的多所学校，因此，课程的授课方式以异步为主，并根据具体情况，利用周末的时间适当安排实时在线的互动课程以促进师生交流。

③确定学习者和学习方式

由于课程内容与现行学科教材没有直接关联，加之考虑到中学生的课业负担，我们将选课权利交由学生，让感兴趣的学生自愿参与，并告知其家长。为保障课程的顺利开展，参与课程的学校每周安排一个固定的时间段(1 小时)让学生集中到指定地点进行在线学习，并指定一名教师陪同以及负责相关的协调和沟通工作。学生的学习以利用课程平台进行自主学习为主，同时也包括一些需要同伴之间协作交流的小组学习任务。

(2)分析阶段

①学习内容分析

学习内容是课程开发的基础，没有内容，课程就是空的。因此，对学习内容的分析是分析阶段的重点。

由于《触摸信息技术前沿》这门网络课程是一门全新的课程，没有可以参考的现成教材，因此，第一轮学习内容分析最首要的工作就是明确学习内容。首先，我们选取互联网、移动计算、社会计算、云计算、物联网、高性能计算和数字媒体技术 7 个领域作为学习内容。然后，针对每个领域，进一步筛选适合中学生的学习内容，并形成教材。最后再根据教材，对学习内容进行进一步分析。学习内容分析一方面可以促进课程开发者对学习内容的理解，另一方面有助于后续设计阶段工作的开展。对学习内容的分析主要是要达成两个目标：一是明确知识点之间的内在联系；二是将学习内容序列化。

在接下来每一轮的循环迭代过程中，虽然不需要再次明确学习内容，但仍然需要适当更新，对内容的更新一方面来源于前一轮实施过程中获取的数据，另一方面则来源于领域自身的发展，以保证课程“信息技术前沿”的定位。

②学习目标分析

如前所述，《触摸信息技术前沿》这门网络课程没有现成的教材，更无教学大纲等明确的教学要求，因此，对学习目标的分析离不开对学习内容的分析，二者都是需要反复推敲的过程。

③学习者分析

对学习者的分析是一个难点。因为在课程开课前，无法获取学习者的相关信息。因此，对于学习者特征的分析主要来源于相关研究和实际经验，并在每一轮实施过程中不断丰富。不过，即使能够在课程开课前获取到学习者的相关信息，也很难利用这些信息开发出适合每一位学习者的网络课程。要想解决这个问题，一个比较好的方法就是在设计阶段尽可能设计多元化的学习活动供学习者选择，给学习者提供不同的学习路径，以此来适应更多的学习者。但运用这一方法的工作量很大，且对课程开发者的设计能力提出了更高的要求，因此需要通过迭代的方式来逐步实现。

(3)设计阶段

①学习活动设计

学习活动设计包括尝试设计和活动分析两个环节。尝试设计包括问题设计和活动构思，是衔接前期分析与活动设计的关键环节。问题设计的目的是希望能够通过问题来引导学生一步一步地进行学习，并且以问题的方式引发学生的好奇心，激发学习动机，同时也是为活动设计做准备。在问题设计的基础上，构思学习活动。活动构思是对学习活动的初步设计，对活动的详细设计留在活动分析环节。学习活动的构思反过来也可以优化问题设计。活动分析包括对活动任务、学习成果、活动规则、学习资源与工具的设计，以及对活动可行性的分析。

②学习资源与工具的开发

依据学习活动设计中对学习资源与工具的设计进行相应的开发工作。在每一轮迭代中，需要依照设计方案对学习资源与工具进行更新或开发新的资源与工具。

③课程平台建设

课程平台建设就是按照上述设计，在平台上将课程完整地呈现出来。一般来说，在设计的过程中已经将每个活动的呈现方式考虑在内了。因此这项任务的重点是尽可能重点突出的、清晰美观的组织文字内容、资源和活动等。除此之外，这一过程还是对课程整体及细节的一个检查过程，如语言描述、资源格式、图片尺寸等。

(4)实施阶段

之所以将实施阶段作为课程开发流程的一部分，是因为课程开发是一个迭代的过程，完成设计不是终点，还需要经过实施的检验，并且从实施阶段获取的数据可以支持下一轮课程开发的改进。

①学习支持服务

学习支持服务不局限于实施阶段，而是贯穿于课程开发全过程。学习支持服务的核心是解决学生遇到的各种问题，帮助学生更好地完成学习。首先，这一观念是需要课程开发者时刻谨记的。其次，课程开发者在开发课程的过程中应该尽可能的预测学生在学习过程中可能遇到的各种问题，并在开发过程中设计相应的解决方法，这样不仅可以减轻实施阶段的负担，让课程助教能够更好地为学习者提供只能在实施阶段完成的学习支持服务，并且有更多时间去完成实施阶段的其他工作。

②收集并分析学习记录

在实施阶段，学习者会在课程平台上留下学习记录，实施阶段应该注意收集这些数据信息。对于这些数据信息，从学习者的角度来记录和分析可生成学习者的学习档案，并作为评价学习者学习效果的依据；而从学习活动和学习资源的角度来记录和分析这些数据信息则可以帮助课程开发者反思课程设计，这对于后续的课程改进具有重要意义。除了学习记录，在课程实施过程中还应该注意收集学生的反馈，如对课程的意见或建议等。另外，在一轮课程实施结束后，可以通过问卷调查的方式来收集学生对课程的评价和建议以帮助改进课程。

③调整学习内容和活动

一般来说，收集到的学习记录主要用来在下一轮的课程开发中为改进设计提供依据。不过，对于在课程实施过程中发现的可以直接改进的问题，最好在课程实施过程中及时进行调整。

2. 课程案例展示

《触摸信息技术前沿》课程内容的 7 个主题中，互联网、社会计算和移动计算为必修主题，其余 4 个主题为选修主题，学生可根据自己的学习兴趣任选 2 个进行学习。这样设置主要是考虑到学生的学习时间和学习精力有限，希望通过这种方式来更好的保证学习效果。下面以互联网和物联网两个主题为例来呈现课程的具体内容与活动设计。

互联网是学生比较熟悉的内容，因此在这个主题的设计过程中我们更重视如何深化学生的理解。首先，课程选取中央电视台大型电视纪录片《互联网时代》让学生了解互联网的发展历程，并体会互联网对人类社会的重要影响。在此基础上，让学生通过一个比喻句来阐明自己对互联网的认识。

有的学生认为互联网是课堂，“人们像一个个渴望知识的学生，在互联网上，通过不同的方式，汲取来自不同领域的知识和信息，就像学生们学习不同的科目，以不同的学习方法去学”(宁波市曙光中学　林听)；有的学生认为“互联网就像一盏照亮人们生活的启明灯”(宁波市春晓中学　娄煜)；还有的同学这样写道，“如果盘古的巨斧劈开了生命的黑暗，那么互联网就像一把利剑，劈开了世界间讯息传递较慢的黑暗”(宁波市曙光中学　杨润哲)；而下面的这句比喻在平台上获得了最高的“点赞”率，“正当父母这辈逐渐长大时，互联网也出生了，且身子愈长愈硬，力量也越来越大。当我们这代出生时，互联网已经变成一个茁壮的青少年，以其青春和活力，改变着我们的生活。人们依靠着互联网的力量，使自己的生活方式发生了巨大的改变。可以说，互联网是‘00后’的大哥哥，老师更像是父母，抚育着我们成长”

(宁波市曙光中学　郑宇辰)。

最后，在互联网主题下还为学生安排了拓展阅读与拓展任务。拓展阅读的内容是与互联网相关的数个第一，如第一封电子邮件、第一款网络游戏等。而拓展任务的学习材料是由中国互联网协会于2013年7月发布的《中国互联网100强》，学生通过阅读材料与其他同学分享自己的收获和思考。

物联网这个名词对于学生来说可能不陌生，但他们对物联网的理解程度显然不如互联网。因此，在设计物联网主题时，我们设计了如下问题来引导学生认识和了解物联网：什么是物联网？为什么发展物联网？物联网是如何工作的？传感器、RFID、二维码是如何感知事物的？首先，第一个学习任务就是让学生看视频完成测验，视频介绍了物联网的基本概念和特征。在学生完成了此项学习任务后，再系统地讲解什么是物联网，更有助于学生理解并加深记忆。第二个学习任务是让学生找一找生活中应用传感器、RFID和二维码的例子，并和其他同学交流分享。这项任务主要是帮助学生发现生活中的物联网应用，让学生了解物联网离我们并不遥远。接下来选取康宁公司和微软公司拍摄的构想未来生活的视频，开阔学生的眼界，放飞想象的翅膀。最后，同样设计了拓展阅读与拓展任务。拓展阅读的内容包括M2M与物联网的关系，以及车联网的相关介绍。而拓展任务是以“饮水机发微博”这个案例来激发学生尝试用所学知识解决生活中遇到的问题，让生活更便利。例如宁波市曙光中学的黄卓景同学就提出可以利用“饮水机发微博”的原理来让电灯向交友平台发布信息这一构想。

3. 课程实施效果及反思

《触摸信息技术前沿》上线 3 个学期以来，有来自北京、上海、宁波、深圳、佛山、温州等地的 10 多所学校的 100 多名学生参与了课程的学习。大部分同学能够认真的学习课程内容并按照要求完成学习任务，还有一小部分同学会在内容或形式上进行创造性的劳动，非常出色地完成任务。从反馈来看，同学们对课程整体上比较满意，同时也有同学对课程建设提出了宝贵的意见和建议。这些意见和建议对于课程开发者而言既是鼓励也是帮助，对课程的后续开发和完善具有重要意义。

不过，由于中学生课业较繁重，学校组织的课外活动也比较丰富，而网络课程的学习与学校的学习关联性又较小，这些因素造成了一部分学生无法坚持学习到课程结束。这种情况对于网络学习是一个比较普遍的现象，要解决这个问题除了课程自身建设需要不断完善之外，还需要学校、家长的努力与支持。

4. 思考与展望

正如前面所提到的，课程开发是一个迭代前进的过程，这个过程没有终点，追求更高的品质是课程开发者义不容辞的责任。

网络课程给学生提供了一个更广阔的学习平台和新的学习机会，但实际上，在当下，这些对于学生而言随手可得。既然如此，那么我们的网络课程意义何在？我们能够提供优质的资源、好的平台……的确如此，但这些不是最重要的。最重要的其实不是网络课程本身，而是它所表征的内涵——“跨越学校围墙的教育”，这才是意义所在。信息技术的发展、时代的变革，带来了学习方式的变迁，这种变迁不是一种学习方式替代另一种学习方式，而是学习方式的多元化和融合化。跨越学校围墙的教育不仅是技术操作层面的跨越，更是理念上的跨越，也许未来我们会重新定义学校教育。

（北京师范大学　杨莹）

数字时代做一名成功的网络学习者

1. 数字化时代

随着数字时代的到来，“知识——明天的积木，正漂浮于喧嚣的变革之海上”。从 Web1.0 到现在的 Web3.0 大数据时代，数字化浪潮催生了“富媒体”和“富资源”网络环境下的数字化学习。托马斯·弗里德曼在《The World Is Flat》这本书里写道：世界正在被十大动力铲平，未来的世界将是开放的、连接的、共建共享的，学习将不仅在教室里发生，在地铁上、家里、咖啡店等任何地方都可以随时发生；学习的方式也不仅限于教师的传授，网络搜索、社区交流、网络求助等都可以学到知识，解答疑惑。你可以在可汗学院学习数学概率问题，也可以在 wiki 里分享自己的 idea，利用 Facebook、微博等社交工具讨论分享。作为 21 世纪的终身学习者，要成为数字时代的弄潮儿，首先必须要了解数字时代的特征。

2. 数字时代学习的特征

早在互联网刚刚出现之时，具有“数字未来学家”之称的唐·泰普斯科特(Don apscott)在其所著《数字化成长——网络时代的崛起》一书中，就提出了“网络世代”，那个时候是指 2 岁到 22 岁之间的孩子们。这些孩子们是最先在数字媒体环境下成长的世代，他们能够更轻松地面对变化的客观环境，只要轻轻利用指尖就可以毫不费力的横跨世界，可以享受前所未有的自由。也有人称处在 21 世纪的孩子们为“数字土著”(Digital Natives)，每天与电脑、iPad、智能手机等设备打交道。他们的学习更偏向于趣味性，更具泛在化、碎片化特征。

网络学习的特点表现在三方面：教学分离、师生分离、时空分离；借助于媒体技术的学习和交流；学生自学为主，教师助学为辅。

这三者相互影响，相互支撑。先进媒体技术的应用让学生的学习与教师的传授分离，给学生提供自由的学习时间、丰富的学习内容、天南海北志同道合的学习同伴，虚拟的学习社区更像是一个开放包容的教室，因为相同的价值观、共同的学习目标而凝聚在一起，成员之间彼此尊重、互相学习和分担责任，在此过程中共建共享人类知识精华。近年来，像可汗学院、网易公开课、TED 以及 MOOCs 课程越来越受到青少年的青睐。短小精悍的微视频让学习变得更加轻松，国外顶级名校课程更是吸引眼球，共享笔记、及时测试、每周作业一整套在线课程设计简直可以让一个中学生在家都可以拿到毕业证书，这样的学习方式正在颠覆着传统的教与学的方式。数字时代的学习正在发生变革，开放性、免费、可获得、泛在性、碎片化、趣味性、连通性等数字化学习的标签挑战着学习者原有的学习习惯。对于很多传统学习者来讲，他们要适应这样的学习方式，会遇到困难和挑战。

3. 网络学习中的困难

面对如此丰富多彩的网络世界，学习者很是兴奋。开心之余，更多的是一种无形的压力。选择困难、学习迷失、掉队辍学、学习孤独等一系列问题扑面而来，摆在学习者面前。很多学习者发出感叹：网络学习，想说爱你不容易。

数字时代的特点和学习方式的变革给学习带来了困难和挑战，没有传统教学日程表，学习者不习惯自己安排学习时间和学习进度，再加上学习困难如果不能及时解决，缺少老师的监督和引导，很有可能在学习过程中半途而废。网络学习更多的时候是一个人独自面对冷冰冰的电脑屏幕，就算是再幽默的老师讲课，学习者也会有一种失落感，没有集体学习讨论的氛围，没有和老师同学互动的环节，只有输入没有输出，是一种不平衡的心理状态，在这个时候，如果学习者没有足够强大的毅力和自我管理能力，网络学习还是会坚持不来下。还有的学习者面对海量的学习资源，觉得什么都好，都想试试看，结果包揽太多而不能集中学习，导致学习效果不佳。有调查显示，2011 年 12 月麻省理工学院开设的网络课程《电子和电路》开始有 12 万学习者注册，但只有约 1 万的学习者坚持到期中考试，可想能拿到学习证书的更是少数。在网络学习筛子中，筛掉了一些爽约者和旁观者，丢掉了一些被动参与者，最后剩下的存活者才是数字化学习时代真正的获胜者。Phil Hill 将 MOOC 课程学习者分为五种类型：爽约者（No－Shows）、袖手旁观者（Observers）、临时进入者（Drop-Ins）、被动参与者（Passive Participants）、主动参与者（Acitive Participants），其中引起学生高辍学率的原因有缺乏前期基础知识和技能、时间不够、动机不足、教师的感染力不够和课程设计问题等。

面对如此多的困难和障碍，如何才能超越自我，在网络学习的生涯中打开成功之门？下面我们具体谈谈网络学习的策略和技巧。

4. 网络学习的策略和技巧

古人说，知己知彼才能百战不殆。我们了解过网络学习的特征，也明了在学习过程中会遇到的困难，分析了辍学的各种原因，从中可以看出自身原因是很关键的因素。

第一，要有很强的学习动机和明确的学习目标。网络资源的丰富性、开放性、可获取性都决定了它不像传统的课堂知识是规定好的，很多学习者都是在空余的时间给自己充电，有的是为了工作需要，有的是拓宽知识面，有的是出于兴趣爱好等，不同的学习目标给自己的定位不同。有很多学习者说自己只要上网，时间过得好快，但又不知道自己干了点什么事。主要还是因为没有明确的学习目标和学习计划，所以学习者一定要明确自己想要什么，想通过网络学习获得什么，并达到什么样的程度和标准。

第二，要有时间管理能力和坚强的毅力。网络学习很随意，你可以选择在晚上学习，也可以选择在周日学习，但学习者要根据自己的接受能力，合理规划学习时间，否则，很有可能是蜻蜓点水，会造成理解不到位，学习不深入。当然在学习的过程中，你会遇到很多困难，这个并不可怕，这说明你在进步，在挑战自己、提升自己。当你遇到麻烦的时候，网络就是你的好帮手，像google、百度知道、百度文库等都可以为你解决难题，当然如果你加入一些相关的群组、社区等，可以向网络高手请教，他们也是很乐意分享经验。在学习过程中，结识一些学习伙伴，就相关主题交流讨论分享会使你的网络学习更有效。网络学习要打开心门，只要你想要的，没有找不到的。

第三，要不断提升信息素养，更要有连通意识。在信息爆炸的今天，网络知识呈现碎片化特征，任何人都会有信息超载的体验。面对海量的数据和资源，学习者要有意识的培养自己搜索信息、筛选信息、整合信息和内化信息的能力，不要被数据淹没了。塞缪尔·约翰逊(Samuel Johnson)的说法，“知识有两种，我们亲身知晓某个主题，或我们知道从何处找到相关信息”。连通主义告诉我们知道“在哪儿”比知道“什么”更重要。面对超载的信息量，我们要根据自己的兴趣和需要来选择，并不是所有好的东西都拿过来。在选择之后，要有零存整取的意识。把我们的大脑比作知识银行，把需要的东西按步骤存进去，整理、分析，需要的时候拿出整体的策略。中山大学王竹立老师说过，“写作是思想的拐杖，离开写作，思想走不了多远”，成功的网络学习者要不断地总结反思，坚持写学习笔记，可以利用博客、微博、印象笔记、PPT 等工具来梳理所学内容，这样才能在众说纷纭的网络世界培养批判性思维，而不是人云亦云，使自己在网络中游刃有余。

5. 结语

网络是一把双刃剑，网络将你我相连，使知识的传播更快更广，但网络毕竟是虚拟的世界，需要将网络知识与现实生活结合，并进行验证。另外，长时间上网容易伤害眼睛，所以，上网学习要规律。艾德格·戴尔(Engar Dale)的学习金字塔告诉我们，最有效的学习方法就是将你学习到的知识讲解给别人，这种学习方式能掌握90%的内容，那么就把学习到的内容分享给其他学习伙伴吧，让你的网络学习变得有声有色。

（南京大学　桑宇霞）

记“视像中国”微课程首期公益培训

培训镜头：

宽大的屏幕中间，香港恒生管理学院副院长黄宝财教授正在办公室电脑的摄像头前，为来自上海、浙江、广东、湖北、安徽、福建、江西等7省市40多所学校的122名不同学科的教师做简短的开班致辞……

这是一次视像中国远程教育项目的微课程应用公益培训。在这次公益培训中，“视像中国”远程教育发展中心组织高校教授、技术专家成立了理想培训团队，为学员们提供专题讲座和技能培训。“公益、翻转、协作”成为这次培训的关键词，来自7个省市的学员不仅收获了微课程制作的技能，更重要的是在学习、探讨、研究、制作过程中建立了深厚的情谊，形成了一个远程协作团队。

2012年开始，由教育部教育管理信息中心和教育部全国高校教师网络培训中心主持的面向全国中小学以及全国高校的微课比赛，使得“微课”成为了2013年最热门的关键字。“视像中国”远程教育项目也积极参与到微课研究中，于2013年10月底搭建了“微课程资源平台”，建设以微视频为主，整合相关作业、评价等功能的在线网络学习课程平台。当各种各样的思想观点涌向一线教师，他们到底该如何来理解微视频的应用？大家一直以来在实践着的计算机辅助教学到底发生了什么样的变化？如何让微课发挥其教学的作用与威力？这些都需要教师更新教学理念，同时通过培训具备一定的信息素养以及相应的技能。微课程公益培训在此背景下应运而生。

1. 公益

本次培训为“视像中国”远程教育发展中心为促进项目发展而策划的公益培训，以交流、学习、分享、合作为主旨，不收取任何培训费用，所有参加培训的学员自行安排食宿。由于是公益培训，整个过程并没有安排专门工作人员做烦琐的接待与后勤工作，采用自助式参与，在生活中体现了培训的自主性。为了让学员更好的自助参与培训，“视像中国”远程教育发展中心制作了详细的培训人员手册，为122名参训人员的吃、住、行做了细致的指南，使各地教师完全自主地安排行程参加培训，真正实现自主参与式培训。

2. 翻转

所谓“翻转课堂”，就是在信息化环境中，课程教师提供以教学视频为主要形式的学习资源，学生在上课前完成对教学视频等学习资源的观看和学习，师生在课堂上一起完成作业答疑、协作探究和互动交流等活动的一种新型的教学模式。

如果说通过“微课”的形式来翻转课堂，突显出“先学后教”、以学生为中心的教学方式的转变，那么这次培训也应该带给学员的是一种理念上的更新。因此在培训中也尝试着用“翻转”的方式，将培训内容前置，让每一个学员作为参训的主体，使其积极主动投入到培训中，从而提高培训的实效，培养一批微课程实践的种子教师。

(1)培训内容前置

教师培训需要以参训教师为中心。有效的教师培训应该是以参训教师自主学习为基础，参训教师主体参与的培训。“翻转”首先要将培训的内容前置，让每一个学员有备而训，带着自学后的困惑而训，这样才能提高培训的实效性。

理想培训团队在各地完成学员报名工作后，通过邮件发送各类专业杂志上新近发表的有关微课和微课程建设的专题论文十余篇，让学员阅读大量关于“微课”的文本资料，了解微课最基础的知识；在远程教育资源中心平台上挂出了上海市教委基教处倪闽景处长关于翻转课堂的专题报告，通过分时段安排学员在线观看，让全体参训人员在开始培训前就有理念上的冲击；学习微课资源平台录屏软件操作的微课，让学员初步掌握微课制作的基本技能技巧。特别是在录屏软件操作微课的观看过程中，通过媒体播放器的暂停、回放等多种功能，使学员在学习过程中做笔记和进行思考，同时将在学习过程中碰到的问题与困惑，进行交流与研讨，引发个别化疑难和个性化需求，并在线反馈给培训者。从概念、理论、实践操作多种角度进行培训前期的准备，激发参训教师自动学习的动机，主动掌握网络学习技能，自觉梳理训前学习资源，从而为培训学习做好准备。

(2)培训需求调研

以参训教师为中心的翻转培训，首先要实现主体参与，应该根据参训教师的学习特点、学习需求，围绕参训教师的现实问题，设计教学、组织活动。在自学“微课程”相关材料的基础上，为了解每一个学员的自学情况以及对培训的期待等，理想培训团队设计了问卷调查，进一步了解每一个学员的培训需求。问卷详见附件 5.4。

问卷调查表发放了 122 份，两天时间一共收回 105 份。问卷调查真实地反映了每一个学员的培训需求。在是否已阅读相关材料和网站这一栏中，100%的学员阅读了材料，聆听了专家的讲座。从这 100%的数据中分析，我们有理由相信每一位学员已经做好了充分的培训准备。同时好多学员还提出许多有建设性的培训建议，如：“希望学习到微课程在实际教学中较理想的应用案例；建立学员跟踪培训机制，随时可以远程培训；能结合各学科特点讲解微课程的实施和运用”，这些建议给培训工作提出了更高的要求，同时也为对这些教师进行个性化的指导提供了可能。

(3)培训模式改变

“学而不思则罔，思而不学则殆”，学思结合，才是最好的求学培训之道。通过前期的问卷调查，我们了解到参加培训的老师以十年教龄以上、教学经验丰富的骨干教师为主，而且很多学员主动承担班长和组长职责，从一系列的数据中反映出学员对培训充满了热情和期待，以及主动参与的愿望。

首先，在培训模式上一改过去专家讲、学员听的被动单一培训模式，而是采用参与混合式培训方式，促进学员参与的主动性，同时加强对学员的个别化指导。首先在培训的班级设置上，采用小班与大班交错进行：“破冰之旅”时，每个班级是个小团队，由理想培训团队中的班主任引领学员间互相认识；听取专家讲座时，122 名学员是一个大团队，大家一起听讲，互动提问；小组实践时，又以小组为单位开展活动。

其次，采取听讲与参与并进的方式进行培训，重点突出了参与式的培训方式。培训过程中，为使教师们更近距离接触微视频应用，理想培训团队从基本技能、平台应用、解决方案等多个角度进行了培训，还每一个学员实践操练，为学员赠送了手机拍摄架、高灵敏度耳麦、高清拍摄仪等实用工具，学员们边学边动手，充分提升了培训的实效。

最后，采用任务驱动式，每一个小组现场完成一个微课程作品并进行展示交流。虽然任务繁重了些，却为学员提供了观察、思考和研究的新视角、新思路，促进每一个学员将培训中聆听、观察、思考的收获结合自身的教学，形成新的知识，促使学员由走马观花的旁观者变成为积极主动的实践者。

(4)培训课程多样

如果说培训目标是整个培训活动的起点，培训效果是整个活动的终点，那么培训课程的设置就是连接起点和终点的桥梁。因此，在课程设置上安排了理论课程、实践课程和情意课程等三大课程形态，在知识课程方面选择了专家讲座和阅读各种学习资料的形式，以提升学员的理论、理念水平；实践课程方面进行了微课程制作、平台操作等提高信息技术能力的课程，帮助学员有效掌握微课程制作技能技巧；情意课程方面，以简短的开班仪式、充满诗情画意的结业典礼、团队的展示交流，凝聚各地学员的情感。

3. 协作

跨区域的协作、交流是“视像中国”项目的核心理念。这次培训全程充分体现了团队合作的力量。

(1)破冰之旅

122名来自不同省市的学员，如何让这些陌生的面孔快速地熟悉起来，并形成协作小组？我们引用了企业培训中的“破冰之旅”，将122名学员根据教学年段分成四班，再根据学科组成合作小组。在1个小时的破冰之旅环节中，先由学员设计名片在小组内互相介绍，要求突出每个人的特色；其次在互相认识的基础上选出组长，并为小组取名，制作“logo”，“梦像组合”“生命之旅”“铿锵组”“三人行”等一系列有个性的组名应运而生；最后进行头脑风暴，思维碰撞，一起探讨何为微课程以及微课程制作中需要注意什么等问题。每个小组合作制作了一张张理解微课程的范恩图，与微课程进行了“第一次亲密接触”。

“破冰之旅”——拉近人与人之间的距离，增强了合作意识，形成了一个全新的合作团队；“破冰之旅”——改变工作中的角色，将自己当成一名潜心学习的学生，激发出学员的潜能，身心最大程度的投入到培训中；“破冰之旅”——加强问题的交流与碰撞，将培训深入到每个人，每个学员都成为培训的主体，带着明确的任务进入学习中去。

(2)互动协作

如果说“破冰之旅”是合作的热身运动，那么接下来的参与式、协作式培训模式更是体现了以学员为主体的多向互动。学员之间互动：为完成小组制作微课程的学习任务，小组内成员间必须通力合作，首先对于微课程的概念进行横向平行的交流与评价，实现思维碰撞；其次根据微课的特点结合学科要求，研讨制作微课的案例；最后根据组内每个学员的特长进行分工合作，设计脚本，制作 PPT，录制微课，上传平台，汇报展示。这样的互动协作，让组内每一个成员都成为培训的主人，而不再是一个观摩者。

教师与学员之间的互动：在培训现场，高校教授根据学员前置学习中提出的困惑，如“微课程、微视频、微课之间的关系?”进行现场答疑，同时安排互动提问环节，学员提问踊跃，达到互动交流的效果；技术老师通过微课程平台上的学员困惑以及疑难问题，有针对地讲解要点，使学员熟练地掌握了微课制作的技巧；在小组展示微课作品环节，邀请了信息技术专家、学科特级教师进行了专业点评，这种来自实践、与专家近距离互动交流的形式要远远胜过单纯的你讲我听的模式。

(3)实践延续

同中小学生学习技能一样，教师的教学技能学习也一定要反复练习，要利用教学岗位“在游泳池中学会游泳”。团队协作也是一样，为期 2 天的公益培训完成并不意味着培训的结束，而是协作的开端。因此要通过网络、面对面研讨等多种方式建立常态化的交流、探讨机制，以此增强团队的协作能力。

培训结束后的一个月，上海和宁波两地的培训学员开展了面对面的研讨活动，从最初的学会微课程制作，到探讨微课程进课堂的实践研究，并建立了研讨的 QQ 群，形成了常态化的研讨机制。两地老师在 QQ 群里探讨微课制作的技能技巧、微课进课堂后教学模式的变革，互帮互助形成了一个远程的学习协作社区。4月底，两地学员通过远程视频系统，将进行微课进课堂教学实践探讨，携手研究“翻转课堂”在基础教育中的应用模式。

两天的培训，看上去很简短，但是来自不同地方的学员们，从相识到协作，从旁观到操作，从个人理解到形成小组共识，大家感受到了高效培训的魅力，大家都认为培训学习虽然告一段落了，但这才是开始，还有许多新理念、新技术等着他们去了解、去探索。

（宁波江东区教育研究与装备中心　许波）

附件 5.4

表 5-8　问卷调查表

1. 性别（　）　①男　②女
2. 教龄（　） ①5年以下　②5～10年　③10～15年　④15年以上
3. 年段（　） ①小学　②初中　③高中或同等
4. 日常工作首要角色是（　） ①信息技术学科教师　②信息技术以外的学科教师　③学校教育行政管理人员 ④学校或区域科研人员或其他　⑤学校信息化工作人员
5. 此前您对“微课程”了解程度（　） ①了解微课程是什么　②观摩过微课程研讨活动　③亲自参与过微课程制作与应用实践　④不了解
6. 关于本次微课程培训准备工作已经安排要求您完成A阅读了提供的材料，B上网听了专家报告，C准备一个简单的微课程实践方案（　） ①只部分完成了AB　②只完成了AB　③完成了C和只部分完成了AB　④完成了ABC
7. 关于本次培训课程内容设置，您最感兴趣的是（　） ①认识微课程，制作一个微课程　②微视频制作软件应用　③微课程管理平台 ④同伴合作展示交流
8. 关于本次培训方法，您最感兴趣的是（　） ①专家报告　②同伴交流（经验）　③现场传递（技能）　④多种方法混搭
9. 关于培训中产生的交流共享资料，您最希望（　） ①挂在视像中国网站公开下载　②刻制光盘在本次培训班内分享 ③放置在微课程平台上让所有项目学校师生分享

续表

10. 我愿意在本次培训项目班级管理承担以下角色与任务（　　） ①班委成员，用自己专业特长为大家服务　　②组长，组织小组讨论及其他学习活动 ③小组或班级发言人，汇总其他成员材料，汇报交流团队学习成果
11. 如您对本次培训还有具体建议，请留言：

附件 5.5　学员感言

微培训　小视野　大变革

——视像中国微课程培训初中组“三人行小组”

两天的视像中国微课程培训，时间很短，只能说是一次“微培训”。但培训的过程却丰富、实效，微而精，小而实。

培训重在实效。无论是学校的组织接待，还是学习安排，非常讲究高效。授课教师没有过多的铺陈，直接单刀直入，就微课程的理念、运用以及制作进行了精心的讲授。参与培训的教师大多来自一线，对于微课程充满期待，同时，也充满了太多疑惑。授课教师的讲授，将现代的教育理念和现代的教育手段相结合，对于微课程的实用性和时效性进行了详细的解读。在很短的培训时间内，教师们很快适应了快节奏的学习过程，认真听讲，主动操作，团结合作，在微课程的制作方面收获良多。很多教师直接制作出了微视频。虽然有点囫囵吞枣，虽然有点粗制滥造，但却是教师们用心的结果。重要的是，制作微课程的方法将会支持教师们未来的教育实践，微课程将会在日常的教育教学实践中不断实践、不断丰富、不断完善、不断成熟。

培训开拓了新的视野。虽然教师们在以往持续的教学、培训、提高过程中，教学理念不断丰富，教学手段不断完善。但传统的教育教学思想和唯分数论的教育现实往往阻碍了教师教学观念的更新。微课程为广大教师打开了一扇信息时代教育教学方式革命的大门。微课程不仅是一种新的教学方式和教学资源，更是一种充满生机和活力的学习方式和生活方式。它不仅不会干扰或破坏我们业已形成的比较固定成熟的教育思想和教育理念，而且掌握它，会更有利于拓宽视野，丰富手段，让教师的教育教学更有时代感和更鲜活的生命力。

培训必将带来教育方式的大变革。传统的教育教学实践中，教师们往往不太容易对自己成熟的观念和方法进行改变。为追求升学率，为追求优秀排名，教学效果越好的学校越容易封闭，喜欢用最直接、最简单、最有效的办法去固化学生的思维，形成流水线式的“优等生”群落，支撑学校的社会声誉和可持续发展。微课程以短小精悍的学习资源，更实效的学习效果，将会改变教师的教学观念，从而引起教学方式的变革。学生成为学习的主体，教学最终的目的重在培养学生学习的能力，尤其是创新能力的培养。教学方式的变革将使我们的教育回归本真。

第六章　继续的理由

无论是内在的动力，还是外在的支持，“视像中国”走过十年之后，没有停下脚步的理由……

信息技术教育应用发展的时代诉求就是要有持续推动、有效的发展。

本章由“视像中国”代表性参与区域宁波江东区教育研究与装备中心宋洵主任和“视像中国”远程教育发展中心陈圣日主任，分别从不同的视角阐述项目持续发展的动力源泉。

远航的不竭动力

“视像中国”计划的创始人黄宝财教授曾说：通常来说要改变老师的看法，一定要有新的角度，老师如果能够从另外一个新的角度看事情，才会产生新的看法……“视像中国”就提供了这样的实例和实际的经验。

黄教授讲的一个“新”字，揭示出“视像中国”计划的意义。新，是旧的反面，放在教育上看，它是呈现一种不同于传统的教学(或学习)场景，甚至是颠覆你原有的教学行为。新的角度、新的手段、新的平台往往让人产生新鲜、兴奋……的感觉，它能激发人怀着一颗好奇的心去尝试，是推进人积极进取的动力。从“视像中国”计划的实践过程看，我认为黄教授所说的“新角度”，确实抓住了“视像中国”计划能够持续十年发展的重要原因。

1. 新在哪里

(1)网络技术

10年前，运用网络视频电话、视频会议系统等技术来组织异地的学校进行实时视音频交互教学还是十分罕见的，这一策划来自一位香港人(黄宝财)，他的服务祖国的愿望，萌发了运用信息技术改变学习、传输先进文化、加强香港与大陆内地的文化交流的计划，并取了一个颇为响亮的名字——视像中国。这一基于互联网环境的实时视音频交互应用技术在“视像中国”计划具体的实施中发挥了快捷和高效的作用，呈现给人们的是跨越时空的新场景。很快“视像中国”计划无论在交流范围还是交流内容与形式上都大大超出创始人的初衷，它同时改变了参与“视像中国”计划的香港和内地的教育教学理念和教学方式……比如：借“视像中国”的平台，学校校长、教师和行政看到对教学带来的变革，从借设备到主动配设备(包括香港)；内地师生在视频实时交流和实地参观中学到了英式语言教学和科技教学，拓展了内地师生教与学的视野；而香港师生学习祖国传统文化与民间习俗，学会普通话，还从内地教师的教研活动中学会评课、上示范课。有人称，“视像中国”是跨越“围墙”的学校，其实它也开通了一条民间交流渠道，突破了一些制度的约束，方便了内地学校与香港学校直接结对，实现了“耳听不如眼见”的效果。

(2)平等参与

参与“视像中国”没有门槛，体现了“视像中国”起点低。这既表现在支持异地交流的设备要求不高，也对参加学校的师生素质没有要求。江东区的东柳小学规模很小，条件较差，但用当时校长(何灿军)的话来讲，有“一个摄像头”就可以和香港学校进行交流，而且交流的内容要求也不高，可以从各地民俗文化开始(比如：做汤团，剪纸)。因此，江东区首先参与“视像中国”活动的学校规模都不大，有些学校还相对薄弱，但参加“视像中国”活动后所产生的影响却十分巨大，东柳小学师生第一次参与紧张得很，几次活动之后，江东学生在与香港学生视频对话中(或辩论赛)中发现自我的价值，在开心中找到自信，在活动中学会了大方与从容。甚至老师也得到交流(发言)的机会，培养了他们良好的心态和自信。

(3)空间广阔

可能创始人黄宝财教授和梁锦松老师都没有想到，“视像中国”不是简单地为老师提供了一个“新的视角”，其实它真正的价值在于提供了一个跨越时空的新平台。校长、教师、学生，甚至家长都在“视像中国”的项目中得到在场或在线的交流机会，而且，当地的教育行政部门也敏锐地发现“视像中国”是一个推进区域教育均衡发展的途径，江东教育局就是主动地把学校自发地个别参加“视像中国”计划，发展为有组织地整体参与。同时，教育局在组织机构上配备专人，提供专项经费，2009 年还以当地政府名义承办以“信息技术促进教育多元化”为主题的第二届“视像中国”远程教育论坛。因此，“视像中国”计划就是一个大舞台，民间的、半官方的或官方的都可以参与。

2. 支撑“新”的动力在哪里

十年来，“视像中国”活动的主要形式是民间性的，参与学校也是自愿为主，各地区教育行政参与和支持的力度不一或不定期，包括香港优质教育基金会也只资助了两次(2004—2008 年)。但为什么“视像中国”还能继续良好运作呢？我感觉支撑它发展的动力是始终保持“新”的活水。

(1)与时俱进

“视像中国”发展轨迹有一个从香港向大陆(上海、广州)、由沿海向内地推进的过程。它的活动项目和活动形式根据需要在不断丰富、创新。活动内容上从单一的语言学科(中文和英文)、民间艺术、科技与机器人交流，发展到校本课程的交换教学、跨省市的同课同构、异地同课教研，现在又有网络课程学习、微视频教研论坛等，我感觉这几年来“视像中国”的组织者和管理者基于学校发展的要求，把握国际教育发展的趋势，及时调整和创新活动项目和形式，尤其是将大陆教研与培训机制融入“视像中国”项目中，将当地稳定的组织机制和骨干教师团队引入其中，使“视像中国”项目在内地学校活动落地并常态化。同时，还吸纳高校专家(北京师范大学、南京大学等)参与，确保教育发展前沿的项目(网络课程开发和网络学习指导)及时进入中小学校。因此，“视像中国”始终给人一个新的视角——紧跟教育发展的脉搏，以数字技术缩小地区之间教育发展的不平衡。

(2)一群热爱公益的人

“视像中国”有一群有志于教育、甘愿做公益事业的人，他们是“视像中国”得以发展的核心团队，他们对教育有极大热情，是把“视像中国”当成一个兴趣来做，不图名不求利；在困境中谋创新，在推广中获享受；把它当成一个公益事业来做，当成一种责任来担当。

(3)上海人的眼光与行政的保障

“视像中国”发展有几个阶段：2004—2008年“视像中国”计划得到香港优质教育基金会资助；2008—2011年“视像中国”计划成立香港远程教育学会；2011—2014年上海七宝中学成立“视像中国”远程教育发展中心负责推进“视像中国”项目的日常工作。接手这样一个民间性的公益项目不仅需要财力和人力支持，还需要有勇气和独到的眼光。我们应该深深地感谢七宝中学仇忠海校长和上海闵行区教育局的领导，他们是从教育发展的战略角度来推进“视像中国”的。

(4)学校和老师的需要

这是“视像中国”得以生存与发展的基础，根据梁林梅老师等人撰写的《“视像中国”项目发展现状教师调查报告》中看，接受问卷的老师81％认为通过“视像中国”项目“开阔了视野，获得了更加多元化的体验”；“视像中国”项目活动中老师最感兴趣的是远程教研和远程课程交换。远程教育平台突破时空界线、快捷方便的跨地跨区的交流和优质资源的共享是今后相当长时期内老师的选择。

3.“视像中国”远行的建议

(1)“视像中国”项目要分层推进

“视像中国”初创时，走低端，即以学生交流和学校文化交流为主，深受学校和学生欢迎。现在教研活动多、课程交换多、论坛多，这主要是教师层面交流。需要对“视像中国”发展规划做整体思考，规划项目的多样和活动层次的高低要统筹兼顾。从江东的实践看，“视像中国”对薄弱学校影响特别大(改进老师的教学观念，提高学生学习兴趣，在与香港学生交流中学会自信)，只有学生喜欢、学校喜欢才有生命力。“视像中国”的一项功能是推进了教育的公平和促进教育均衡，所以“视像中国”规划项目要高低兼顾，让不同发展层次的学校都能参与。

(2)发展骨干团队和种子学校

各地要有热爱“视像中国”的骨干教师和种子学校，当前上海和宁波力量相对强、基础好。我们需要拓展更多的省份，培养热心公益的骨干老师，创建“视像中国”的种子学校，建立跨区域的教研网络。

(3)保持香港与内地学校交流的特色

在当前教育管理体制下，只有香港具有西式文化特色，这是目前内地学校通过“视像中国”平台开展国际交流的主要窗口，这也是吸引内地学校参与“视像中国”的动因之一。所以，要发展更多的香港中小学校参与“视像中国”项目，使香港更多的优质教育资源与内地学校共享。

（宁波市江东区教育研究与装备中心　宋洵）

一路前行的支持者

2008年5月，香港优质教育基金在香港会展中心隆重举办了资助项目成果展览会，并对优秀项目进行了表彰。“视像中国”计划荣获金奖，黄宝财教授在会展中心展览现场接受了香港特首曾荫权颁奖，项目发展四年来主要承担推进工作的香港联校资讯科技学会的梁锦松老师、香港仁济医院王华湘中学的区月晶校长和上海市七宝中学的陈圣日老师一同参加了颁奖典礼。但是，这个奖项几乎没有在项目学校中做任何宣传，因为当时面临的现实是，以金奖总结并结束了项目，从此不再获得香港优质教育基金的资助。大家当时不是沉浸在金奖的兴奋里，而更多的是对未来发展的惆怅。

陈圣日老师作为内地唯一参加颁奖典礼的代表，带着这样的心情回来，抓紧与各地骨干力量商议，包括中国福利会少年宫的王颂赞老师、宁波江东区的马任校长和广东南海区教育局电教站的郑兰桢站长等。大家一致认为项目学校发展了这么多，已经形成了资源积累很好的形态，一下子全部宣布散掉是很可惜，都表示可以想办法持续发展。因为项目走过的四年，互联网环境的发展和信息技术的发展已经跨越了一个时代，内地学校网络环境尤其是经济发达地区的学校网络环境已经从简单的局域网时代进入了校校通的宽带互联时代，这就使得“视像中国”这样一个高度依赖互联网络的合作交流项目有了更天然的低成本运行保障，学校与学校之间不再需要专用的设备就可以开展视频交流互动。

于是，大家合力又与香港中文大学黄宝财教授积极联系，联合了香港多所项目学校的意见，商议发起成立了香港远程教育学会，由香港的学校力量组建注册在香港的民间学会，来代表过去“视像中国”计划的核心，学会以研究指导为主要职责，计划的持续发展工作仍由联校资讯科技学会协同内地一起推进，香港的梁锦松老师和上海的陈圣日老师成了特殊时期的合作纽带，维系着这个项目的持续发展。

香港远程教育学会的成立，为“视像中国”计划的持续发展奠定了基础，但是对于所有项目学校来说，仍然只是知道“视像中国”计划，为了促进大家的共同认识和推动项目的持续发展，大家一起商议发起了“视像中国”远程教育论坛，以一年一度年会的形式为各地项目学校合作交流搭建了一个平台。由于“视像中国”计划本身四年多时间的积累，加上大家对论坛的目标定位，引起了内地和香港教育行政部门的关注和支持。2008 年 7 月份第一届年会在香港开幕，国家督学、上海市教育委员会副主任张民生教授和香港教育局孙明杨局长出席了大会，上海、宁波、南海等多个项目区域的教育行政领导或校长参加了这次大会，良好的开端奠定了后来持续发展的极好基础。

年会启动后，就形成了年会期间召开各地联络代表碰头会的惯例，在此碰头会上确认下一年度工作的方向和下届年会的承办地。项目的发展开始转向民间自主自发的参与形态，以及合作议事的工作机制。到 2011 年年会时，考虑到项目在内地的认可度逐渐提升，项目常态工作需要重新梳理，为理顺工作，黄宝财教授建议将项目发展的核心工作转移到上海，由上海市七宝中学(教育集团)来承担，建立“视像中国”远程教育发展中心，学校委派一直推动工作的陈圣日老师担任中心的召集人，主要负责协调各区域项目学校进行各类教育合作交流活动，并根据工作成效特点，确定宁波江东区为核心区域之一，承担“视像中国”远程教育发展中心一部分工作，委派该区教育研究与装备中心的许波老师担任研训总策划，负责设计策划各类教育合作交流活动，为中心工作提供支撑。香港远程教育学会和联校资讯科技学会则继续在黄宝财教授和梁锦松老师的指导下发展，为“视像中国”远程教育项目提供香港地区的合作交流支持。

2012 年全国教育信息技术应用展演及 2013 年上海国际教育博览会上，上海市教委均选择了上海市七宝中学携“视像中国”远程教育项目代表上海参展，以市教委示范项目的名义展示了“视像中国”在现代远程教育领域所取得的成果，展览中，项目的形态、合作的群体、技术的应用等引起了各地的关注。

“视像中国”远程教育发展中心的成立，获得了各项目区域的支持和配合，中心推行的每月远程例会制度、远程课程交换项目、网络课程项目、辩论比赛项目、微课程培训项目等一系列教育合作交流内容，深得大家的认可，在力求常态化的发展目标促动下，中心几年来已经逐渐将“视像中国”远程教育项目梳理得条块清晰、发展有序，尤其在协作研究的支持方面，启动了远程教育资源中心建设，大大促进了项目区域之间的合作内涵，显现了在大数据应用背景下的项目内在价值，为各地有相同兴趣爱好的老师提供了切实可用的网络协作空间与平台资源。

谈到远程教育资源中心的建设，不得不提及一个几乎痴迷于信息技术应用的教育行政领导，他就是上海市教委基教处处长倪闽景。2013 年 10 月在江西井冈山举行“视像中国第六届远程教育年会”期间，倪闽景处长受邀参加会议并提供了一场技术应用报告，引起了与会项目学校的强烈反响，在信息技术如何应用于教育教学方面，从观念与方法层次上引起了大家的热议；反过来，倪处长也一样从“视像中国”项目中看到了他所不曾预期的发展内涵，因此他敏锐地感觉到这个教育合作交流群体应该能有更多的合作研究可以推进，于是在会议期间就问召集人陈圣日老师，项目发展的支撑还缺什么，可能需要一些什么具体的帮助。在倪处长的热情支持下，陈圣日老师根据项目发展的需要，设计了

“视像中国”远程教育资源中心的方案，在整合已有应用的基础上，基于在线同步平台和在线异步平台两大类型设计了服务于跨区域项目学校协作研究的平台，以统一身份认证、统一数据基础为支撑，构建了资源生成型和资源服务型两大类具体的应用，包括微课程协作研究共享平台、智能化英语阅读训练平台、网络课程平台、在线教学互动平台等，大大扩充了项目内涵发展的支持体系，为各地项目学校提供了实在的帮助。

更不能忘记的支持者，是闵行区教育局。自七宝中学2004年参与项目到2011年七宝中学承担项目发展的中心工作，闵行区教育局一直在默默地支持，并且纳入到闵行区教育内涵发展工作中。教育局朱越副局长曾在闵行区“视像中国”远程教育项目学校的一次学期总结交流会上说，在没有任何行政命令要求的前提下，看到大家如此积极主动地在参与这个项目的发展工作，说明了项目本身的生命力所在，希望能持续保持项目的民间属性、行政支持但是不干预发展……朱局长不仅仅是一种表态，更是一直以来对项目实际支持的做法。无论是经费的支持还是队伍的支持，朱局长坚持项目的主动性，不仅仅是简单的支持，还给了很多切实可行的建议。朱局长听了网络课程实验的汇报之后，感觉既然项目发展中已经探索出了网络课程在初高中年段的可实施性，那么就可努力利用这样的资源，可以尝试利用网络课程让学习无处不在的特点来促进并完善学生生涯规划课程的实施。为此，朱局长还安排专项经费来支持课程的开发与试点，这个项目的推进不仅仅惠及闵行区的28所项目学校，更多的项目学校均可以同时获益。

每一个支持的力量，每一次支持的行动，已经成为了项目发展不竭的动力，更重要的是，在“视像中国”项目中，每一个前进的步伐总是会实实在在地嵌入在发展的路径中，既成为支持者眼中的落点，又成为行动者脚下的起点，从不停歇……

（上海市七宝中学　陈圣日）